GOLD-BOOM

Gewinne und Sicherheit mit Gold

Druck: Ebner & Spiegel GmbH

Roos, Hubert:
Gold-Boom
Gewinne und Sicherheit mit Gold

ISBN 3-922669-49-2

BÖRSEN MEDIEN
AKTIENGESELLSCHAFT

Postfach 1449 · 95305 Kulmbach
Tel. 09221-90510 · Fax 09221-67953

Inhalt

Vorwort

Kapitel 1: Goldene Zeiten .... Seite 1

Kapitel 2: Die wundersame Geldvermehrung .... Seite 5

Kapitel 3: Krieg der Währungen .... Seite 9

Kapitel 4: Gefahr für den Dollar .... Seite 15

Kapitel 5: Papiergeld ade .... Seite 19

Kapitel 6: Die Rentenfalle .... Seite 23

Kapitel 7: Die Bondfalle .... Seite 27

Kapitel 8: Wer gewinnt die Wette? .... Seite 33

Kapitel 9: Alles unter Kontrolle .... Seite 39

Kapitel 10: Alles zum halben Preis .... Seite 45

Kapitel 11: Entschuldung auf amerikanische Art .... Seite 51

Kapitel 12: Pulverfass China .... Seite 55

Kapitel 13: Der Wert des Goldes .... Seite 61

Kapitel 14: Goldverschwörung – Ja oder Nein? .... Seite 67

Kapitel 15: Der Preis des Goldes .... Seite 73

Kapitel 16: Der Gold-Boom .... Seite 79

Kapitel 17: Das bestgehütete Goldgeheimnis .... Seite 85

Kapitel 18: Gold in Händen .... Seite 91

Kapitel 19: Goldminenaktien .... Seite 95

Kapitel 20: Goldminen im Paket .... Seite 99

Kapitel 21: Zertifikate .... Seite 103

Kapitel 22: Optionsscheine .... Seite 109

Kapitel 23: Die Gold-Strategie .... Seite 115

Kapitel 24: Glänzende Aussichten .... Seite 121

Internetseiten .... Seite 125

Literaturverzeichnis .... Seite 127

Anmerkungen .... Seite 129

Vorwort

Unbemerkt von vielen Anlegern war zur Jahrtausendwende der zwei Dekaden währende Bärenmarkt für Gold zu Ende gegangen. Investoren hatten in den letzten 20 Jahren ihre Blicke fast ausschließlich auf Aktien gerichtet. Während nun Dow, DAX & Co ab dem Frühjahr 2000 in heftige Turbulenzen gerieten, glänzte Gold immer heller und absolvierte die rasanteste Rallye seit den Ölschocks der siebziger Jahre. Damals war Gold immer höher gestiegen und hatte im Januar 1980 kurzzeitig das Allzeit-Hoch von 850 Dollar pro Unze erreicht. Danach ging es, abgesehen von einigen Zwischenerholungen, 20 Jahre lang bergab bis in den Bereich von 250 Dollar.

So richtig ins Bewusstsein der meisten Anleger war Gold erst wieder im Herbst 2002 gerückt, als sie sich die Frage stellten, ob Saddam Hussein die Resolution der Vereinten Nationen akzeptieren würde oder nicht. Klar war in jedem Fall: akzeptierte er sie nicht, dann gäbe es Krieg – wahrscheinlich schon bald. Die Ängste vor der Eskalation des Irakkonfliktes waren neu entfacht und Gold machte seinem Ruf als „Krisenmetall" alle Ehre.
Obwohl das gelbe Metall in der Zeit zuvor bereits stark gestiegen war, gab es noch genug Raum für weitere Aufschläge. Analysten sahen im November Potenzial für Notierungen bis 350 Dollar innerhalb der nächsten Monate. Dass sich der Goldpreis dann weit über diese Marke hinaus bewegte, lag sicherlich auch an der zunehmenden Gewissheit über einen Krieg im Mittleren Osten.
Weit gravierender und von länger anhaltender Bedeutung sind jedoch tiefer liegende Ursachen. Lockere Geldpolitik, Spekulationen an den Aktienmärkten, Börsencrash, Wirtschafts- und Bankenkrise, Zerrüttung der öffentlichen Finanzen, Anwerfen der Notenpresse und Untergrabung der Währung stellen erhebliche Risiken für die Vermögenswerte der Anleger dar. Vor allem die Rolle des privaten Vermögens für die langfristige Altersvorsorge ist inzwischen überdeutlich von allen Seiten klar gemacht worden. Die abbröckelnden Bevölkerungspyramiden und das damit verbundene Überalterungsproblem in allen großen Industrienationen werden in den kommenden Jahrzehnten zur Zerreißprobe für die umlagefinanzierten wie auch für die kapitalgedeckten Sozial- und Rentenversicherungssysteme.
Die privaten Anleger müssen verwirrende und widersprüchliche Informationen über die aktuelle politische und wirtschaftliche Lage verarbeiten. Fragen tauchen auf, die man sich vor wenigen Jahren noch gar nicht gestellt hätte:
Kann man in Aktien oder Immobilien investieren, deren Preise möglicherweise durch spekulative Luft und überproportionales Kreditwachstum aufgebläht wurden?
Wie sicher sind die Anleihen der immer stärker verschuldeten privaten und öffentlichen Schuldner wirklich?

Wie strapazierfähig sind die Währungen im internationalen Finanzmarktgefüge?
Wie die kommenden Kapitel dieses Buches zeigen werden, erweist sich eine Vermögensgattung in Zeiten wachsender Unsicherheit als vergleichsweise wertstabil und Gewinn bringend – Gold.
Anleger können mehrere Wege beschreiten, um sich am Wachstumsmarkt des Goldes zu beteiligen. Neben einer direkten Anlage in physischem Gold stehen Goldzertifikate zur Verfügung oder es werden Goldkonten angeboten, bei denen auf Wunsch die physische Auslieferung des Goldes möglich ist. Darüber hinaus können Aktienliebhaber Anteile von einzelnen Goldminenbetreibern direkt an der Börse erwerben oder in Goldfonds einsteigen, die in ausgewählte Werte investieren. Als Alternative zu Goldfonds haben sich in jüngster Zeit Goldminenzertifikate etabliert. Wer im Zusammenhang mit Aktien bereits Erfahrungen mit derivativen Instrumenten gesammelt hat, kann seine Kenntnisse auch am Goldmarkt einsetzen und auf Gold gehebelte Produkte wie z.B. Optionsscheine handeln. Um dem interessierten Anleger bei der Entscheidungsfindung für die passenden Anlageinstrumente des Goldmarktes zu helfen, werden in den hinteren Kapiteln dieses Buches die Besonderheiten der verschiedenen Anlageformen beschrieben. Zur Erstellung eines persönlichen Goldanlagekonzeptes werden konkrete Bausteine vorgestellt, mit denen jeder Anleger seine persönliche Strategie für Gold in die Praxis umsetzen kann.

Kapitel 1
Goldene Zeiten

Die Ära der Aktie geht zu Ende: Der US-Softwarekonzern Microsoft wird an seine Belegschaft keine Aktienoptionen mehr ausgeben. Nach dem Platzen der High-Tech-Blase sind inzwischen viele Optionen wertlos. Noch vor drei Jahren schwärmten Analysten und Anleger von Internetaktien ,Technologiewerten, Biotechs und Blue-Chips. Wenn zu jener Zeit junge Hochschulabsolventen eine Stelle bei einem Unternehmen antraten, bekamen sie genauso feuchte Augen wie die Senior-Manager, sobald die Sprache auf Aktienoptionen kam. In der Vorstellung der Älteren war mit diesen Optionen eine deutlich verkürzte Restzeit bis zum komfortablen

Vorruhestand verknüpft, die Jüngeren träumten vom schnellen und vor allem großen Reichtum mit Penthouse und Porsche. Der Aktiencrash machte diese Träume zunichte und der Softwareriese Microsoft beschloss im Juli 2003, mit der Ausgabe der „Wettscheine" Schluss zu machen (Anm. 1). Mitarbeiter, die sich von ihren Aktien-Kaufrechten kräftige Einkommensverbesserungen und einen zügigen Aufstieg zum Millionär erhofft hatten, waren ernüchtert. Tatsächlich hatte sich der vermeintliche „Reichmacher Börse" zu einer gewaltigen Vermögensvernichtungsmaschine verwandelt.

Zwischenzeitlich haben die Gold- und Rohstoffoptimisten viele Argumente auf ihrer Seite. Aktien sind auch nach drei Jahren Talfahrt nicht billig. In den achtziger und neunziger Jahren haben die Börsianer eine historisch einmalige Spekulationsblase aufgepustet. Die traditionellen Bewertungsrelationen sind trotz der hohen Kursverluste immer noch aus den Fugen. Gleichzeitig spitzt sich die Großwetterlage in der Weltwirtschaft weiter zu – von unkalkulierbaren politischen Risiken ganz abgesehen. Die Überschuldung, vor allem in Amerika, gefährdet das globale Finanzsystem. Für den Dollar gilt das gleiche, wenn er erst einmal richtig ins Rutschen gekommen ist. In dieser Lage suchen die Anleger nach sicheren Alternativen.

Die Extremprognosen einiger Goldexperten möchte niemand richtig ernst nehmen, aber die Erfahrungen aus den Aktienmärkten zeigen, dass das Undenkbare manchmal nur scheinbar unrealistisch ist. Wenn aus Expertenmund zu hören ist, dass Gold in den nächsten Jahren auf 3.000 US-Dollar steigt und der Dow Jones auf seinem Weg nach unten erst bei 3.000 Punkten halt macht, so ist das gewiß starker Tobak (Anm. 2). Doch auch zurückhaltendere Fachleute gehen von spürbaren Korrekturen beim Dow Jones und deutlichen Kursgewinnen bei Gold aus, denn das Potenzial für steigende Notierungen ist ernorm: kaum jemand besitzt Gold in physischer Form – 98% der Anleger auf der Welt haben keine Goldbestände.

Der Goldmarkt selbst ist relativ klein, auch die korrespondierenden Aktien. Alle Goldminenaktien der Welt – sie sind vor allem in den USA, in Südafrika, Kanada und Australien beheimatet – kommen lediglich auf einen Börsenwert von rund 90 Milliarden Dollar. Das ist weniger, als manche Internetfirmen vor vier Jahren wert waren und die heute ums Überleben kämpfen. Würden die Anleger nur einen geringen Prozentsatz ihres Vermögens investieren, müssten der Goldpreis und die Aktienkurse der Goldminen kräftig nach oben schnellen.

Dass am Goldmarkt eigene und ganz andere Gesetze als auf dem Aktienmarkt gelten, kann man sehr schnell erkennen, wenn man anfängt, sich mit dem Thema intensiver zu beschäftigen. Für die Entwicklung des Goldpreises sind neben wirtschaftliche Fragen auch psychologische und insbesondere politische Aspekte relevant. Denn anders als bei den meisten anderen Rohstoffen, die, wie Kohle, Kupfer oder auch Silber und Platin, in einem engen Verhältnis von Angebot und Nachfrage stehen, ist für die Notierung des Goldes die geopolitische Großwetterlage von Bedeutung.

Die Entwicklung des Goldmarktes in den letzten 100 Jahren wurde und wird immer noch maßgeblich von der Geldpolitik der USA bestimmt. Von 1792 bis 1971 spielte Gold gemäß Verfassung und Gesetzen der Vereinigten Staaten eine offizielle monetäre Rolle. Die Verwendung von Gold in den amerikanischen Münzen endete 1933, als der Besitz von Gold für US-Staatsbürger im Zusammenhang mit staatlichen Eingriffen im Kampf gegen die Große Depression verboten wurde. Dieses Verbot wurde erst mehr als vierzig Jahre später, 1974, wieder aufgehoben. Im Jahr 1944 wurde in Bretton Woods, einem Ort in New Hampshire (USA), durch 44 Staaten ein Währungs- und Finanzabkommen beschlossen, das Gold ins Zentrum des internationalen Geldsystems stellte. Die USA verpflichteten sich damals, Dollars, die von offiziellen ausländischen Geldinstituten präsentiert wurden, in Gold einzulösen mit einem Umrechnungskurs von 35 Dollar pro Unze (1 Unze = 31,1035 Gramm).

Im August 1971 stellten die USA die Einlösung von Dollars gegen Gold ein und das Bretton Woods System zerfiel. Seitdem hat sich das internationale Zahlungssystem in Richtung freie Devisenkurse bewegt, wobei keine Währung mehr in Gold umtauschbar ist. In einem Gesetz aus dem Jahr 1985 erlaubte der amerikanische Kongress, die Ausgabe von Goldmünzen mit einem Nennwert als gesetzliches Zahlungsmittel wieder aufzunehmen. Diese Münzen werden der Öffentlichkeit jedoch nicht zu dem geprägten Nennwert verkauft, sondern zu dem Preis, der dem Marktwert des Goldes zum Zeitpunkt des Verkaufs zuzüglich Prägung und Auslieferung entspricht. Somit versetzte der Kongress das Gold in den Status eines gewöhnlichen Wirtschaftsgutes, dessen Wert in Bezug zum Dollar dem freien Markt überlassen wird. Trotzdem behält es – wie seit Tausenden von Jahren – seine Eigenschaft als internationales Geld bei. Viele Nationen der Welt und die meisten Zentralbanken halten weiterhin beträchtliche Mengen Gold als Teil ihrer internationalen Geldreserven. Nach dem US-Dollar ist Gold die zweitgrößte Komponente offizieller internationaler Geldreserven. Von den weltweiten überirdischen Goldvorräten von schätzungsweise 120.000 Tonnen werden von offiziellen Geldinstituten derzeit etwa 32.000 Tonnen als Reserven gehalten.

Der in den letzten drei Jahren gestiegene Goldpreis hat nun wieder das lange Zeit verloren gegangene Interesse an dem fast ganz gewöhnlichen Wirtschaftsgut Gold geweckt. Marc Faber, ein international renommierter Finanzexperte, der dank vieler treffsicherer Prognosen in Anlegerkreisen bereits Kultstatus genießt, vertritt nachdrücklich die These: „Die Aktienhausse der 80er- und 90er-Jahre ist schon vorbei. Jetzt verabschiedet sich auch die Anleihehausse. Greenspan schürt Inflationsängste, damit das Misstrauen in Papiergeld und lässt so den Preis der einzigen kaum vermehrbaren Währung steigen: den Preis des Goldes.“ (2)

Kapitel 2
Die wundersame Geldvermehrung

Reichtümer, Spekulationen und Pleiten – all das haben viele Menschen schon hautnah erlebt – zumindest wenn sie jemals im Leben eine Partie „Monopoly" gespielt haben. Fast jeder kennt das beliebte Gesellschaftsspiel und wenn es um das große Geld geht, können wir daraus einige sehr interessante Erkenntnisse für das richtige Leben gewinnen. Wahrscheinlich liegt es daran, dass die Ur-Idee zu dem bekanntesten Geldspiel aller Zeiten nicht von einem Spiele- oder Spielzeughersteller kam, sondern von Studenten und Hochschullehrern der Wirtschaftswissenschaften. In seinem Beitrag zur Goldstudie der Baden-Württembergischen Bank hat Dr. Markus

Stahl die Botschaft des Spiels in einen aufschlussreichen Zusammenhang mit dem Gold gebracht.
Die ersten Spielrunden beim „Monopoly“ laufen eher langweilig. Man konzentriert sich auf die gewürfelte Punktezahl und hofft, auf einer attraktiven Straße zu landen, die noch zu haben ist. Zwischen den einzelnen Mitspielern gibt es keine besonderen Vermögensunterschiede. Beim Kauf der ersten Straßenzüge verhalten sie sich verhältnismäßig sparsam, kalkulieren ihre knappe Barschaft genau und geben bei Kauf- und Tauschgeschäften von Straßen ihre Gebote an die anderen Spielern nur in der Nähe der Ursprungskaufpreise ab.
Schrittweise verändert sich der Charakter des Spieles. Es wird schneller und hitziger. In der Schlussphase werden bei den Kauf- und Tauschgeschäften aberwitzig hohe Beträge für bestimmte Straßen erzielt. Immer mehr Geld konzentriert sich bei immer weniger Spielern.
Einige Straßenzüge erzielen Rekordpreise und immer mehr Spieler scheiden durch Pleiten aus. Manche müssen dabei ihre Straßen zu Ausverkaufspreisen an die wenigen Spieler abgeben, die noch liquide sind. Ganz am Schluss sind alle Mitspieler zahlungsunfähig – aller Reichtum liegt beim Sieger.
Wie kommt es zu einer derartigen Entwicklung? Haben die wenigen reich gewordenen Spieler eine besondere Strategie entwickelt oder sind die Verlierer einfach nur ungeschickt?
Hat der eine beim Würfeln ein besonders glückliches Händchen oder haben andere einfach nur Pech? Möglicherweise, aber die Entscheidung beim Monopoly bringt das „Los“. Dies ist umso erstaunlicher, da fast keiner der Spieler, der sich auf diese wohltuende finanzielle Stärkung bei jeder Runde aufs Neue freut, dem Los eine derart einflussreiche Rolle zutraut.
Denn jeder – Gewinner wie Verlierer – ist dankbar, dass dieses Los-Spielfeld existiert. Kommt man über „Los“, dann gibt es 4.000 Geldeinheiten zusätzlich, eine willkommene Stütze für jene Spieler, die knapp bei Kasse sind, und eine weitere Stärkung für die erfolgreichen, die das Extra-Geld in den Ausbau ihrer Häuser- und Hotelketten auf ihren ausgedehnten Straßenzügen investie-

ren.
Die Wirkung des Segen spendenden Los-Feldes liegt darin, dass bei jeder Spielrunde die Geldmenge pro Spieler um 4000 Geldeinheiten erhöht wird. Bei sechs Spielern kommen pro Runde 24.000 Geldeinheiten zusätzlich ins Rennen. Bei 15 Runden hat sich die Geldmenge um 360.000 erhöht. Das ursprüngliche Start-Vermögen beträgt 30.000 Einheiten pro Spieler, bei sechs Spielern also insgesamt 180.000 Einheiten.
Nach 15 Runden ist nun über die Los-Geldquelle die dreifache Geldmenge im Spiel: 180.000 Startguthaben von sechs Spielern plus 360.000 Los-Geld. Man muss sich daher nicht mehr wundern, wenn bei Preisverhandlungen zwischen den Spielern über einzelne Straßen, Bahnhöfe und Straßenzüge im zunehmenden Spielverlauf immer höhere Beträge geboten und erzielt werden. Diese Preisblase beginnt sich immer weiter auszudehnen. Was beim „Monopoly“ als Spiel im Immobiliensektor abläuft, haben Tausende von Aktienanlegern im echten Leben und am eigenen Leib verspürt.
Am Beispiel „Monopoly“ wird der Zusammenhang zwischen einer expansiven Geldpolitik, der Bildung von Preisblasen und daraus resultierenden Entwicklungen deutlich. Während Geld praktisch unbegrenzt und zu minimalen Kosten „gedruckt“ bzw. geschaffen und ausgegeben werden kann, stellt Gold einen handfesten Gegenpol zum Geld dar. Gold als physisches Gut entsteht nicht über Kreditschöpfung, sondern muss in einem aufwändigen Produktionsprozess aus der Erde gewonnen werden. Deshalb haben fast alle Gesellschafts- und Wirtschaftssysteme der letzten 4000 Jahre dem knappen Rohstoff Gold eine Geldfunktion zugebilligt.
Dass in den letzten zwanzig Jahren der ältesten und wohl auch beständigsten Anlageform der Welt eine eher bescheidene Rolle zugedacht war, wird sich in der nahen Zukunft zweifellos ändern. Der Goldpreis wird in der mittleren und wahrscheinlich schon nahen Zukunft eine positive Entwicklung erfahren. In der momentanen Lage, in der starke Zweifel an den wirtschaftlichen und finanzpolitischen Grundfesten aufgekommen sind, in der die Verfassung des Geldwesens, die Politik der Zentralbanken sowie die

Bonität der öffentlichen und privaten Schuldner kritisch hinterfragt werden, ist Gold wiederentdeckt worden und feiert sein Comeback.

Kapitel 3
Krieg der Währungen

Als US-Präsident George W. Bush Ende Januar 2003 eine Spedition in St. Louis besuchte, bewahrten eifrige Helfer ihn und die ihn begleitenden Kamerateams vor einer peinlichen Situation. In einer Lagerhalle, in der Bush eine Rede halten sollte, überklebten sie auf Kisten mit Importwaren die Aufschrift „Made in China". Stattdessen wurden leere Kartons patriotisch mit dem Label „Made in USA" versehen und dekorativ ins Blickfeld der Kameras gerückt (3).

Das Ereignis hat mehr als exemplarischen Charakter. Die Amerikaner importieren rund 50 Prozent mehr als sie exportieren. Im März 2003 erreichte die Kluft 43,5 Milliarden Dollar – den zweithöchsten jemals erreichten Stand. Bei nahezu stabilen Importen gehen die US-Exporte seit geraumer Zeit kontinuierlich zurück. Insgesamt erwarten Analysten für das gesamte Jahr 2003 ein Außenhandelsdefizit von weit über 500 Milliarden Dollar. Um das Defizit auszugleichen, benötigen die USA ausländische Investitionen in Höhe von 1,5 Milliarden Dollar am Tag. Nach einer Berechnung der Investmentbank Merrill Lynch saugen die USA hierfür 70 Prozent aller weltweiten Ersparnisse an – ein Zustand, der auf Dauer nicht haltbar ist.

In den vergangenen Jahren konnten diese Löcher noch durch Geldzuflüsse in amerikanische Aktien und Anleihen gestopft werden. Das funktioniert heute nicht mehr, weil der Aktienmarkt danieder liegt. Außerdem erhalten Anleger derzeit auf US-Rentenpapiere deutlich geringere Renditen als auf europäische Anleihen. Dies hat zur Konsequenz, dass Investoren rund um den Globus ihr Geld aus den USA abziehen und auch die Notenbanken denken über Umschichtungen nach. Für viele Zentralbanken wird der Euro immer wichtiger: Bisher macht der Euro 15 Prozent der weltweiten Währungsreserven aus, bis Ende 2003 könnten es bereits über 20 Prozent sein. Russland hat bereits im Jahr 2002 den Euro-Anteil von unter zehn auf über zwanzig Prozent erhöht. Ziehen die asiatischen Notenbanken in gleichem Maße nach, dürfte dies mittelfristig für weiteren starken Auftrieb für den Euro sorgen, denn 80 Prozent der weltweiten Währungsreserven werden von asiatischen Notenbanken gehalten.

Im April 2003 wurde von einem Berater des indonesischen Finanzministeriums bestätigt, sein Land überlege, den Euro als Handelswährung einzuführen und die Zeitung Business Times in Singapur wollte im Mai 2003 sogar wissen, dass die Notenbank Indonesiens einen Teil ihrer Reserven in Euro umgeschichtet hatte und nun bereits über 15% in der Gemeinschaftswährung hielt (4). In ganz Asien werden derzeit Überlegungen in diese Richtung angestellt, denn man ist beunruhigt über die schwache US-Konjunktur, die aggressive Außenpolitik Washingtons sowie anhaltendes Misstrauen gegenüber den Praktiken der Wall Street. Schon im September 2002

gründeten verschiedene asiatische und europäische Regierungen eine Taskforce, die asiatischen Zentralbanken helfen soll, den Euro-Anteil in deren Reserven aufzustocken und mehr auf Euro ausgestellte Anleihen auszugeben. Auch in Mittel- und Osteuropa wird der Dollar als Zweitwährung verdrängt. Schon heute geht das Gebiet, in dem der Euro im täglichen Leben genutzt wird, weit über die jetzige Euro-Zone der Europäischen Union hinaus. Wer in den Cafés und Restaurants der künftigen Mitgliedsstaaten in Mittel- und Osteuropa seine Rechnung bezahlt, kann jederzeit den Euro nutzen. Gleiches gilt für große Supermärkte, Tankstellen und Hotels.
Seit seiner Einführung wurde der Euro mit viel Skepsis betrachtet. Die Kritiker der Gemeinschaftswährung fanden sich in besonderem Maße bestätigt, als der Startkurs von 1,175 US-Dollar im Jahr 2000 um über 28 Prozent gegenüber der Konkurrenzwährung Dollar eingebrochen war und einen Tiefststand von rund 0,84 US-Dollar markierte. Im März 2002 jedoch wendete sich das Blatt. Der Euro erholte sich gewaltig, erreichte gut vier Jahre nach seiner Ausgabe im Mai 2003 neue Höchststände und die Euro-Optimisten trauen der Gemeinschaftswährung noch einiges zu. Wenn sich die Devisenmärkte erst einmal in eine Richtung in Bewegung gesetzt haben, ist ein Anhalten nicht so schnell zu erwarten. Dies kann dann zu Kursen führen, die unter rein fundamentalen Gesichtspunkten nicht vorstellbar sind. Experten schließen nicht aus, dass der Dollar gegenüber dem Euro sogar auf seinen historischen Tiefstand abrutscht. Im April 1995 kostete er nur noch 1,35 D-Mark. Das entspricht umgerechnet einem Euro-Wechselkurs von 1,45 Dollar.
Auch gegenüber dem Yen wird der Dollar laut Prognosen weiter nachgeben. Allein im Mai 2003 hatte die Bank of Japan für 33,4 Milliarden Dollar US-Wertpapiere aufgekauft, um eine Aufwertung des Yen zu verhindern. Damit hatte allein die Bank of Japan den größten Teil des in diesem Monat notwendigen Kapitalzuflusses bereitgestellt, der zur Finanzierung des hohen US-Leistungsbilanzdefizits nötig war. Japan wollte damit die eigene Währung schwächen und den Wechselkurs des Yen gegenüber dem Dollar um

bis zu 20 oder gar 30 Prozent nach unten schleusen. Man erhoffte sich dadurch einen Exportboom, der die japanische Volkswirtschaft endlich aus der seit mehr als zehn Jahren anhaltenden Misere befreien sollte. Der Abwertungswettlauf zwischen Dollar und Yen verstärkte jedoch wiederum den Aufwärtstrend des Euro und verteuerte Europas Exporte. Dies alarmiert Europas Regierungen. Die Euro-Finanzminister ließen daher verlauten, dass sie es nicht akzeptieren würden, wenn die japanische Notenbank den Kurs des Yen aus Gründen der Wettbewerbsfähigkeit drücken wollte.
Inzwischen zählt auch China zu den Mitspielern im Währungspoker, denn der wieder erstarkte Euro lenkt einen Teil der Flut chinesischer Billigprodukte in die Eurozone und schürt die Angst vor einem Handelsstreit zwischen Brüssel und Peking. Weil Chinas Regierung die durch die SARS-Krise in Mitleidenschaft gezogene Konjunktur stimulieren wollte, heizte sie vor allem die Exporte in die Europäische Union an. Chinas Währung, der Renminbi, ist jedoch eng an den US-Dollar gebunden und sinkt mit dem Kurs des Greenbacks. Und weil die US-Konjunktur flau war, ludt China mehr und mehr Exporte in der EU ab. Schon von Januar bis April 2003 nahmen Chinas Lieferungen in die Eurozone um über 48 Prozent zu und wuchsen damit um 15 Prozentpunkte schneller als die Gesamtexporte des Landes. Bereits im Jahr 2002 erzielte die Europäische Union mit China ein historisch großes Handelsdefizit von über 40 Milliarden Dollar.
Insbesondere in den Bereichen Eisen- und Stahlindustrie sowie in der Telekommunikation und der Elektroindustrie wollte man auf Kosten der Europäer Marktanteile gewinnen. Durch die enge Bindung der chinesischen Währung an den US-Dollar wird China zwar nur ein indirekter, dafür aber nicht weniger wichtiger Akteur im weltweiten Kampf der Währungen (5).
Selbst die Schweiz mischte sich im Juni 2003 in die Währungsdiskussion ein. Weil der Euro zum Schweizer Franken in den ersten fünf Monaten des Jahres nur um rund 6 Prozent zulegte, während er zum Dollar jedoch 12 Prozent gewann, fühlte sich der Präsident der Schweizerischen National-

bank berufen der Öffentlichkeit mitzuteilen, dass man eine starke Aufwertung des Franken zum Euro entschlossen bekämpfen werde; um die Wettbewerbsposition der Schweiz nicht zu gefährden, würde man nicht zögern, nicht-traditionelle Schritte zu gehen, um einen Anstieg des Franken zu verhindern. Solche nicht-traditionellen Schritte oder unkonventionellen Maßnahmen werden auch von Seiten der US-Notenbank erwartet oder befürchtet, wenn deren zinspolitische Munition ausgegangen sein wird.

Was auch immer dieses „Nicht-Akzeptieren", die „nicht-traditionellen Schritte" oder die „unkonventionellen Maßnahmen" bedeuten würden, so klingt das nicht besonders positiv oder vertrauenserweckend. Mit hoher Wahrscheinlichkeit wäre voraussehbar, dass im Falle eines „Währungskrieges" daraus resultierende Maßnahmen allen betroffenen Währungen eher einen Vertrauensverlust als einen Vertauensgewinn bescheren dürften. Die augenblickliche Situation bei den Hauptwährungen, insbesondere jedoch die Schwäche des US-Dollar, die nach jetzigem Stand der Dinge nicht von kurzfristiger Natur sein dürfte, lässt wie immer in historischen Schwächephasen des Dollar in besonderem Maße Gold profitieren. Eine derzeit (noch) nicht erkennbare Vertrauenskrise in Papierwährungen könnte sogar eine panikartige Flucht in Gold auslösen.

Kapitel 4
Gefahr für den Dollar

Autofinanzierung mit Null-Prozent Zins, Null-Prozent Anzahlung und sogar noch Bargeld auf die Hand! Wo gibt es denn so etwas? Natürlich im Land der unbegrenzten Möglichkeiten.

Seit Jahren kaufen die US-Bürger deutlich mehr, als sie sich von ihrem regulären Einkommen leisten können. Und sie konsumieren mehr als die eigene Volkswirtschaft an Waren und Dienstleistungen erzeugt – sie importieren mehr als sie exportieren. Das daraus resultierende Leistungsbilanzdefizit wird für das Jahr 2003 auf über 500 Milliarden Dollar geschätzt. Zu Beginn der achtziger Jahre lag es fast bei Null, das heißt Importe und Exporte hiel-

ten sich in etwa die Waage. Der Begriff Defizit bedeutet in diesem Zusammenhang schlicht und einfach „Schulden“, genau so wie im privaten Bereich, wenn man mehr einkauft als man momentan Mittel zur Verfügung hat.
Langfristig stellt sich die Frage, wie ein so großer Schuldenberg abgebaut werden kann.
Hierfür gibt es grundsätzlich zwei Möglichkeiten. Ein Weg ist die Rückkehr zu sehr hohen Wachstumsraten. Tatsächlich konnten die Vereinigten Staaten von Amerika seit 1992 ein um durchschnittlich 2-Prozent-Punkte höheres Wachstum als Euroland und Japan ausweisen. Dieser Wachstumsvorsprung hat sich inzwischen vollständig aufgezehrt. Rückblickend betrachtet tauchen sogar Zweifel an der früheren Stärke auf. Wachstumszahlen und hohe Produktivitätszuwächse, die oft als Überlegenheitsmerkmale des amerikanischen Wirtschaftssystems genannt wurden, mussten im Nachhinein von den US-Statistikern kräftig nach unten revidiert werden. Das amerikanische Arbeitsministerium musste zugeben, das die Produktivität in den Jahren 1997 bis 2000 um mehr als 0,5 Prozent weniger gewachsen war als ursprünglich angegeben. Um weitere 0,5-Prozent-Punkte niedriger wären die US-Wachstumszahlen ausgefallen, wenn bei der Berechnung des Wachstums im EDV-Bereich – bei Computer-Hardware und -Software – die gleiche Systematik wie in Europa verwendet worden wäre.
Bei vielen Beobachtern verfestigte sich daher der Eindruck, dass die ausländischen Investoren mit geschönten Wirtschaftsdaten bei Laune gehalten werden sollten (6). Auch für das zukünftige Wachstumspotenzial der USA sind vorsichtige Schätzungen angebracht. Denn der „Wachstumsvorsprung“ der Vereinigten Staaten zum Ende der neunziger Jahre gründete auf einem unvergleichlichen Konsumrausch, der auf der gigantischen Spekulationsblase bei den Aktien beruhte. Die Euphorie war zeitweise so groß, dass die Sparquote und die Vorsorge für schlechte Zeiten in den negativen Bereich abstürzte.
Im Klartext: die Konsumenten verschuldeten sich bis über beide Ohren. Doch auch nach dem Platzen der Blase ging die Konsumorgie weiter. Durch

sensationelle Rabattprogramme im Einzelhandel und gnadenlose Preisschlachten bei den Autoherstellern wurde der private Konsum erneut angefacht. Im Vertrauen auf einen jährlich zweistelligen Wertzuwachs beim Immobilienvermögen haben die Verbraucher die Konsumentenkredite auf einen historischen Höchststand von 22 Prozent des verfügbaren Einkommens hochgeschraubt.

Am Ende könnten sich die erhofften Wertsteigerungen bei den Immobilien als ebenso illusionär erweisen wie vorher die erhofften Wertzuwächse bei den Aktien. Die Wachstumssituation der USA in den neunziger Jahren kann sich nicht noch einmal wiederholen, da sie auf Überkonsum der Verbraucher beruhte. Daher ist ein Weg zur Entschuldung durch überdurchschnittliches Wachstum eher unwahrscheinlich.

Hinzu kommt, dass in den neunziger Jahren ungeheuer große Kapitalströme mit übertriebenen Renditeerwartungen die Vereinigten Staaten überschwemmten. Insbesondere die Internet-Euphorie und die fast grenzenlosen Erwartungen an die „New Economy" überfluteten die amerikanischen Technologieunternehmen mit ausländischem Geld. Ausgehend von den amerikanischen Medien wurde eine „neue Ära" verkündet, deren Lehren insbesondere in Westeuropa sehr großen Anklang fanden. Das Platzen der Aktienblase, Firmenpleiten von Enron, WorldCom und anderen sowie Skandale um zweifelhafte Geschäftspraktiken an der Wall Street hatten zwischenzeitlich die Kapitalzuflüsse gebremst.

Dennoch gehen viele private und institutionelle Anleger weiterhin Investitionsrisiken im amerikanischen Kapitalmarkt ein, teilweise angelockt durch die schnellen Leitzinssenkungen der amerikanischen Notenbank und immer noch vertrauend auf die scheinbare Überlegenheit Amerikas in der Weltwirtschaft.

Allerdings hatten alle Kategorien amerikanischer Wertpapiere, also gleichwohl Aktien wie auch Anleihen, ab Mitte 2002 durch den Verfall des US-Dollars starke Verluste verbuchen müssen, wenn sie nicht währungsgesichert waren. Bei anhaltender oder sich beschleunigender Dollarschwäche ist es leicht vorstellbar, dass immer mehr Anleger die Flucht ergreifen und ihre US-Papiere verkaufen. Dann wird eine Spirale in Gang gesetzt, die den Dollar noch tiefer sinken lässt und die Verluste noch weiter vergrößert .

Von dieser Entwicklung sind Anleger natürlich umso stärker betroffen, je mehr sie in Dollar-Anlagen investiert haben. Richtige Dollar-Großanleger sind die Zentralbanken anderer Nationen, speziell die Notenbanken in Japan, China, Südkorea, Hongkong und Taiwan. Durch die hohen Leistungsbilanzdefizite mit diesen Staaten haben sich dort enorme Währungsreserven in US-Dollar angehäuft. Die Strategie der asiatischen Länder bestand und besteht zurzeit immer noch darin, Waren in die USA zu exportieren und die erlösten Dollar nicht in heimische Währung zu wechseln. Dadurch wurden die vorteilhaften Wechselkursverhältnisse, nämlich ein starker Dollar, gestützt und die Importe für Amerikaner wurden somit billig gehalten. Auf diese Weise war es möglich, einem Land wie den USA viele billige Waren zu verkaufen und ein höheres Wachstum zu erzielen, als dies allein auf Basis der Nachfrage in den asiatischen Ländern möglich gewesen wäre.

Durch diese Strategie hat der Anteil des US-Dollar an den gesamten Weltwährungsreserven in den letzten 10 Jahren ständig zugenommen. Ende des Jahres 2001 waren 68 Prozent der Weltdevisenreserven US-Dollar. Der Euro, welcher ein Wirtschaftsgebiet von ähnlicher Leistungskraft wie die USA vertritt, brachte es gerade einmal auf 13 Prozent.

Sollte die Strategie der asiatischen Länder angesichts der absehbaren Konjunktur- und Konsumschwäche der Amerikaner nicht mehr funktionieren, könnten die Notenbanken dieser Länder einen anderen Kurs einschlagen: Warum sollten sie riesige Dollarbestände horten, wenn die Exportchancen nach Amerika ohnehin schwinden und wenn gleichzeitig der Wert der amerikanischen Währung immer geringer wird? Dann wäre es denkbar, dass Überlegungen zur Risikominimierung und Diversifikation eine größere Rolle spielen und Währungsreserven in anderer Form gebildet werden. Für eine Diversifizierung der großen Notenbankportfolios kommen nicht viele Möglichkeiten in Betracht – hauptsächlich europäische Staatsanleihen und Gold.

Kapitel 5
Papiergeld ade

Quizfrage: Wie wird man normalerweise Schulden los?
Antwort: Durch Rückzahlung des geschuldeten Betrages.
Wie aber wird man einen großen Schuldenberg los und was kann man tun, wenn man das viele Geld nicht durch reguläre Geschäftstätigkeit aufbringen kann? Erinnern wir uns an „Monopoly". Die Rettung in großer Not bringt manchmal gerade noch rechtzeitig das Los-Spielfeld, wenn man frisches Geld bekommt, ohne viel dafür tun zu müssen. Grundsätzlich hat jede Notenbank die Möglichkeit, frisches Geld zu drucken und die Federal Reserve machte davon ausgiebig Gebrauch. Neu bei diesem Vorgang war

die Tatsache, dass offizielle Stellen diese Methode frank und frei einer staunenden Öffentlichkeit als Heilmittel für ökonomische Probleme präsentierten. Um die durch das immense Außenhandelsdefizit entstandenen Schulden begleichen zu können und gleichzeitig der lahmenden US-Konjunktur zum Aufschwung zu verhelfen, verkündete am 21. November 2002 Fed-Gouverneur Bernanke, ein potentieller Nachfolger von US-Notenbankchef Alan Greenspan, was er mit anderen Fed-Offiziellen abgestimmt hatte: die Fed könne über den Gebrauch der Druckerpresse fast zum Null-Tarif so viele US-Dollar in Umlauf bringen, bis der Dollar gegenüber Waren und Sachwerten so weit abgewertet habe, bis alles wieder im Lot sei. Eine elegantere und einfachere Lösung könnte man sich für einen Schuldner kaum ausdenken, wenn sie funktionieren würde. Leider bringt dieser Lösungsansatz der Gegenseite, nämlich den Gläubigern einen ganz gravierenden Nachteil: sie haben gutes Geld verliehen und bekommen schlechtes dafür zurück. Deshalb darf bezweifelt werden, dass die verführerisch einfache Idee langfristig erfolgreich in die Tat umgesetzt werden kann. Wenn nämlich die USA ihre hohen Handelsbilanzdefizite mit frisch gedruckten und damit immer wertloseren Dollars bezahlen werden, wächst unweigerlich die Neigung der Gläubiger, in diesem Fall der Notenbanken in Asien und Europa, die Gewichtung des Dollars in den Währungsreserven zu reduzieren. Die chinesische Zentralbank hat schon angedeutet, dass sie den Dollar-Anteil innerhalb ihrer Währungsreserven reduzieren will und Russland will künftig Ölexporte zumindest teilweise in Euro abrechnen.

Abkoppelungsbestrebungen von der Dominanz des Dollars nahmen beispielsweise konkrete Formen an, als Asiens Notenbanker sich auf die Gründung eines gemeinsamen Anleihefonds einigten. Auf Initiative des thailändischen Ministerpräsidenten beschlossen im Juni 2003 elf fernöstliche Zentralbanken, ihre riesigen Währungsreserven von 1,2 Billionen Dollar, die hauptsächlich in amerikanischen Staatsanleihen angelegt sind, vermehrt in der eigenen Region zu investieren und somit die heimischen Märkte unabhängiger von internationalem und vor allem amerikanischem Kapital zu machen. Als Instrument wurde der so genannte Asian Bond Fund (ABF) ins Leben gerufen, der den Status eines Vorläuferprojektes für eine größere finanzielle und währungspolitische Zusammenarbeit in der Region einnehmen könnte (7).

Eine ähnliche Richtung schlugen Mitgliedsländer der südamerikanischen Freihandelszone Mercosur ein. Auf dem Gipfeltreffen der Mitgliedstaaten machten sich im Juni 2003 vor allem die neu gewählten Präsidenten der beiden wichtigsten Volkswirtschaften des Mercosur, Lula da Silva aus Brasilien und Nestor Kirchner aus Argentinien, stark für eine vertiefte politische und wirtschaftliche Integration der südamerikanischen Länder. Bis zum Jahr 2006 wollen die vier Mercosur-Mitglieder Brasilien, Argentinien, Uruguay und Paraguay ein gemeinsames Parlament installieren und die Zollunion des Mercosur vollenden. Ziel ist es, den Mercosur und – soweit möglich – ganz Südamerika als Einheit gegenüber den handelspolitischen Schachzügen der USA zu stärken (8).

Weitgehend unbemerkt von der breiten Öffentlichkeit hatten sich auch private Groß-Investoren mehr und mehr dem Euro zugewandt. Wenn sich den neunziger Jahren europäische oder asiatische Großunternehmen am Kapitalmarkt Geld über Anleihen beschaffen wollten, so kam für große Platzierungen nur der Dollar in Frage. Ausschließlich der US-Markt war in der Lage, ausreichend privates Geld für milliardenschwere Anleihen von weltweit agierenden Unternehmen zur Verfügung zu stellen.

Mit der Einführung des Euro, dem Wegfall des Währungsrisikos und der Zusammenlegung vieler Wirtschaftsräume zu einem großen Markt vergrößerte sich der Kreis der möglichen Investoren. Der große europäische Markt bietet nun die notwendigen Voraussetzungen für einen liquiden Markt auch für großvolumige Anleihe-Emissionen. Nachdem Neuemissionen von jungen Aktien durch die dramatischen Kurseinbrüche an den internationalen Aktienbörsen ab dem Jahr 2001 zur Kapitalbeschaffung praktisch nicht mehr in Frage kamen, nutzten die großen Aktiengesellschaften stattdessen die Ausgabe von Unternehmensanleihen, so genannten Corporate Bonds. Diese Emissionen wurden nun immer häufiger in Euro getätigt.

Als Beispiel für die wachsende Bedeutung des Euro für den Anleihemarkt stehen die Aktivitäten der Deutschen Telekom AG. Das Unternehmen hatte von 1997 bis zum Jahr 2000 an den amerikanischen Anleihemärkten mehr als 17 Milliarden US-Dollar aufgenommen, während im gleichen Zeitraum magere 5 Milliarden in Euro am europäischen Bondmarkt aufgenommen wurden. Von Jahresanfang 2001 bis Ende 2002 hatte sich dieses Verhältnis drastisch geändert: Die Deutsche Telekom nahm nur eine halbe Milliarde US-Dollar auf, während sie Anleihen im Wert von über 18 Milliarden Euro herausgab. Dieser Trend ist auch bei anderen europäischen Unternehmen zu beobachten. Im Mai 2003 brachte Siemens eine Mega-Anleihe von über 2,5 Milliarden Euro an den Markt. Eon und Metro haben sich von ihren Aktionären Wandelanleihen über 5 Milliarden bzw. 1 Milliarde Euro genehmigen lassen.

Die schrittweise Abkehr vieler Notenbanken und Großunternehmen von US-Finanzanlagen, bedeutet eine immer ernster werdende Gefahr für das amerikanische Finanzsystem. Viele Anleger weltweit haben ihre Aktienverluste noch nicht verschmerzt. Sobald sie feststellen, dass sich das Börsenwunder nicht wiederholt und dass sich die amerikanische Politik ihren bestehenden Kreditverpflichtungen durch eine massive Abwertung des US-Dollars durch die Ausgabe von täglich frisch gedrucktem Papiergeld entziehen will, werden sie sich nicht nur von der US-Währung verabschieden, sondern auch das Vertrauen in die anderen Währungen verlieren und sich immer stärker dem Gold zuwenden.

Kapitel 6
Die Rentenfalle

Wir gehen auf eine Pensionskrise zu, wenn nicht überhaupt die schlimmste Finanzkrise in der US-Geschichte", warnte bereits im Oktober 2002 ein unabhängiger Finanzexperte in der angesehenen und führenden US-Anlegerzeitung BARRON'S. Kassiererinnen in Supermärkten, Hausmeister, Fahrer, die über 65 Jahre alt sind gehören in den Vereinigten Staaten zum Alltagsbild. Dass Senioren in den USA noch oder wieder arbeiten gehen, solange es die Gesundheit erlaubt, liegt in erster Linie nicht daran, dass die US-Bürger mehr Spaß am Arbeiten haben als die Europäer. Vielmehr sind mit dem Crash der Aktienkurse die betrieblichen Renten auf ein Niveau gesunken, welches ein Hinzuverdienen auch für über 70-Jährige zur absoluten Notwendigkeit werden lässt. Im Sozialversicherungssystem der USA tickt ebenso wie in Deutschland und den anderen Industrienationen eine demografische und fiskalische Zeitbombe.

Im Jahr 2003 muss der amerikanische Staat für knapp 47 Millionen Rentner aufkommen. Ab dem Jahr 2010, wenn die ersten „Baby-Boomer" in den Ruhestand gehen wollen, wird es eng und spätestens 2018 ist die öffentliche Altersvorsorge pleite. Würde sich bis dahin am herkömmlichen Rentensystem nichts ändern, müssten dann entweder die Beiträge um mehr als die Hälfte angehoben werden oder die Leistungen um ein gutes Drittel heruntergefahren werden. Deshalb schrillen bei den Sozialexperten die Alarmglocken und sie fordern, das Renteneintrittsalter anzuheben. Bis es zu entsprechenden Gesetzesänderungen kommt, bleibt daher der ohnehin schwer belastete US-Haushalt weiter unter Druck und zusätzliche Kostenlawinen rollen auf den Staat zu. Nach Schätzungen der US-Administration wird sich die Neuverschuldung der Regierung auf 1,9 Billionen Dollar anhäufen (9).

Zwar gibt es in Amerika ein staatliches Rentensystem, doch die gesetzliche Rente macht dort weniger als die Hälfte des Einkommens der Senioren aus. Für die meisten Amerikaner waren deshalb die betrieblichen Vorsorgepläne, eine wesentliche Säule ihrer Altersvorsorge. Das Problem daran ist, dass die dafür eingerichteten Pensionsfonds den Großteil des eingezahlten Geldes in Aktien anlegten. Bei namhaften Unternehmen wie Coca-Cola oder Procter & Gamble haben Mitarbeiter mehr als 90 Prozent ihrer privaten Altersvorsorge in Aktien des eigenen Unternehmens investiert. Tritt dann ein Konkursfall wie beim Energieunternehmen Enron ein, stehen Abertausende von Sparern mit leeren Händen da (10).

Aber auch wenn das Vermögen der Pensionsfonds breiter gestreut ist, gibt es Probleme. Nach Jahren fallender Kurse klafft die Schere zwischen der erwarteten und der tatsächlichen Rendite der Pensionsfonds immer weiter auseinander. Seit Ende 1999 stiegen die Pensionsverpflichtungen der US-Unternehmen um 70 Prozent schneller als das Pensionsvermögen. Die daraus resultierende Unterdeckung der Fonds zwingt die Unternehmen zu weitreichenden Maßnahmen. Anstatt Gelder in Forschung und Entwicklung oder in technische Verbesserungen investieren zu können, müssen sie die Zusagen an ihre ehemaligen Mitarbeiter erfüllen: die Firmen arbeiten für ihre Rentner anstatt für ihre Aktionäre. Außerdem müssen wegen der weltweiten Rezession in vielen Industrieunternehmen Stellen abgebaut werden. Dadurch hat eine sinkende Zahl aktiver Arbeitnehmer eine steigende Zahl von Betriebs-Rentnern mitzutragen.

Zusätzlich verschärft wird die Situation für die betrieblichen Rentenkassen durch einen weiteren Einnahmenausfall. Die seit Jahren fallenden Zinsen wirken sich auf das Vermögen der Fonds eben so negativ aus wie auf die Kalkulation künftiger Pensionsverpflichtungen. Die von den Pensionsfonds erwirtschafteten Renditen liegen inzwischen deutlich unter den historischen Durchschnittswerten. Nach offiziellen Schätzungen fehlten bis Mitte 2003 rund 300 Milliarden Dollar in den firmeneigenen Pensionskassen der US-Unternehmen. Alleine der Autokonzern General Motors (GM) hatte bereits Ende 2002 ein Pensionsloch von über 19 Milliarden Dollar. Die Firma hat insgesamt Schulden von über 200 Milliarden Dollar und begab im Juli 2003 die bis zu diesem Zeitpunkt größte jemals emittierte Unternehmensanleihe mit einem Volumen von über 17 Milliarden Dollar, um ihren Pensionsverpflichtungen nachkommen zu können.

Um den unter den drückenden Pensionslasten leidenden Unternehmen das Leben leichter zu machen, plante die US-Regierung Mitte 2003 neue Pensionsregeln. Den Firmen sollte ermöglicht werden, mit einem um bis zu 1,5 Prozent höheren kalkulatorischen Zins für die Pensionsrückstellungen zu rechnen. Dadurch würden die Lasten für die Unternehmen deutlich sinken und die Bilanzen merklich besser aussehen. Die Regierung würde verhindern helfen, dass das Aktienkapital eines Unternehmens von Pensionszahlungen aufgefressen wird (11). Mit dieser Lösung bietet Amerika eine zusätzliche Alternative zur wundersamen Geldvermehrung durch die Notenpresse. Die Auswirkungen bleiben im Endeffekt jedoch dieselben:

das vorhandene Geld wird immer weniger wert und den amerikanischen Senioren widerfährt in absehbarer Zukunft das gleiche Schicksal wie den deutschen in den zwanziger Jahren. In diesem Fall bleibt die Finanzkrise nicht auf die USA beschränkt, sondern Amerika wird das globale Finanzsystem erschüttern und der Wert des Geldes wird sich dann mehr denn je wieder mit Gold messen lassen müssen.

Kapitel 7
Die Bondfalle

Ein Sprichwort aus der Finanzwelt sagt: „Wer das kauft, was alle kaufen, erzielt die gleichen Resultate wie alle anderen" – oder schlechtere, könnte man hinzufügen. Denn die meisten Anleger springen auf einen fahrenden Zug auf, wenn die Profis oder das „smart money" bereits wieder aussteigen. Seit dem März 2000, als der Aktienblase die Luft ausging, freuten sich die Besitzer von Anleihen, auch Bonds genannt. Staatsanleihen und Unternehmensanleihen, die während der Aktienhausse als langweilige Geldanlagen abgestempelt waren, hatten seither Traumergebnisse eingefahren. Ab Anfang 2000 bis Ende 2002 hatten Staatsbonds der Eurozone in lokaler Währung 24 Prozent, britische Staatspapiere 23 Prozent und amerikanische Staatsanleihen 35 Prozent abgeworfen. Aktien hatten dagegen im gleichen Zeitraum in Euroland rund 50 Prozent, in Großbritannien 40 und in den USA 43 Prozent verloren.

Die infolge übertriebener Renditeerwartungen ausgelöste Anlage von Kapital in die „New Economy“ hatte zu rasant steigenden Investitionen in den Vereinigten Staaten in den 90er-Jahren geführt. Übrig geblieben war nach dem Platzen der Blase ein Übermaß an freien Produktionskapazitäten mit einem gesamtwirtschaftlichen Auslastungsgrad von ca. 75 Prozent, im Hochtechnologiesektor waren es sogar nur knapp über 60 Prozent. Dies hatte zur Folge, dass die bis Anfang 2003 noch recht robuste private Nachfrage bereits mit dem vorhandenen Potenzial befriedigt werden konnte. Über Erhaltungsinvestitionen hinaus war somit nicht mit einem deutlichen Schub bei den betrieblichen Investitionen zu rechnen, zumal das Vertrauen der US-Verbraucher, welches regelmäßig mit einem entsprechenden Index gemessen wird, zur Überraschung vieler Ökonomen bis zur Mitte des Jahres 2003 auf neue Tiefstände sank.

Bislang hatten sich viele Amerikaner über den Verlust ihres Aktienkapitals hinweggetröstet, indem sie die gestiegenen Werte ihrer Immobilien und die niedrigen Zinsen dafür nutzten, ihre Häuser höher zu beleihen und das geliehene Geld in den Konsum zu stecken. Dies sorgte bis zur Mitte des Jahres 2003 trotz schwacher Konjunktur immer noch für Konsumlust und stützte die Wirtschaft, die etwa 70 Prozent aller Güter und Dienstleistungen in den USA für den privaten Verbrauch generiert. Allerdings reichte auch das aus den Hypotheken-Refinanzierungen, d.h. den Umfinanzierungen für die Immobilien, gewonnene Geld nicht für alle Zeiten, um den Geldnachschub auf ewig sprudeln zu lassen, zumal die Einkünfte aus Erwerbstätigkeit durch steigende Arbeitslosigkeit immer stärker rückläufig waren. Im Mai 2003 hatte die Arbeitslosenquote mit 6,1 Prozent ein Neun-Jahres-Hoch erreicht.

In solchen Zeiten sinkt die Risikobereitschaft der meisten Anleger, aber sie möchten dennoch ihre alten Verluste wieder ausgleichen und vielleicht sogar noch ein bisschen mehr hereinholen. Dass dies möglich ist, hatten ja die Entwicklungen an den Rentenmärkten gezeigt und hohe Rendite gepaart mit hoher Sicherheit, das hatte sich eigentlich jeder schon gewünscht. Da kämen 20 bis 30 Prozent Rendite in sicheren festverzinslichen Anlagen gerade recht. Dass auch festverzinsliche Anlagen nicht immer als sicherer Hafen gelten können, wurde den meisten privaten Investoren sicherlich erst bewusst, als sie ihre Verluste schwarz auf weiß auf dem Papier sahen. Zunächst lief jedoch alles gut für diejenigen, die gleich am Anfang dabei waren. Die kontinuierlichen Zinssenkungen der US-Notenbank, welche die Konjunktur ankurbeln sollten, zeigten ihre Wirkung weniger in der Wiederbelebung der Wirtschaft, als in einem konstanten Anstieg der Anleihekurse in luftige Höhen, der verstärkt wurde durch die Anfang 2003 aufkommende Deflations-Diskussion. Dieser wurde ebenfalls durch die US-Notenbank in Person ihres Chairman Alan Greenspan immer wieder neue Nahrung gegeben: „Das Risiko einer unerwünscht stark sinkenden Inflation ist, wenn auch minimal, größer als das einer aufkommenden Inflation." Im Klartext: vielleicht steht eine Deflation vor der Tür. Dann würden sich aufgrund sinkender Preise für Waren und Dienstleistungen die Gewinne der Unternehmen schmälern und die Aktienkurse weiter purzeln. Die Besorgnis über die bekannt gewordenen, nicht immer korrekten Bilanzierungsmethoden der Unternehmen, über zukünftige Terror-Attacken, über den bevorstehenden Konflikt mit dem Irak, über die schwachen Wachstumsprognosen, all das hatte die Gefahr einer Deflation als realistisch erscheinen lassen und steigerte sich in Angst, die den Kauf von Staatsanleihen rechtfertigte.

Und dann waren da noch die Unternehmensanleihen. Angesichts historisch niedriger Zinsniveaus, versuchten viele Unternehmen sich über Anleihen Geld zu beschaffen. Dieser Weg verdrängte immer stärker die klassische Geldbeschaffung über Banken. Da die Institute bei der Kreditvergabe immer strenger wurden, wichen die Firmen auf den freien Markt aus, um ihren Kapitalhunger zu stillen. Immer mehr Unternehmen, deren Kreditwürdigkeit bei Banken nicht ausgereicht hätte, um überhaupt Darlehen zu erhalten oder um Darlehen in der gewünschten Höhe zu bekommen oder Firmen, die für die gewünschten Darlehen eine Risikoprämie in Form eines höheren Zinses zahlen müssten, beschritten diesen Weg. Die Unternehmen nutzten die Gunst der Stunde mit dem niedrigen Zinsniveau und besorgten sich Kapital über so genannte Junkbonds. Das sind „Schrott-Anleihen", bei denen die Rating-Agenturen ein erhöhtes Risiko sehen, dass die Tilgung und die Zinszahlungen gefährdet sind.

Dass solche Einschätzungen berechtigt sind, zeigen die Ausfälle von Anleihen der bekannten Swiss-Air. Eine Studie einer der bekanntesten Rating-Agenturen, Moody's, belegt, dass die Ausfallrate von Junkbonds in den vergangenen 82 Jahren bei knapp 25 Prozent liegt, während Papiere von soliden Firmen nur zu 3 Prozent ausfielen (12). Dennoch stürzten sich institutionelle und private Anleger in Junkbond-Investments.

Der Grund dafür, sich ein über achtmal höheres Ausfallrisiko zu „erkaufen" lag in der gesteigerten Renditeerwartung gegenüber konservativen Unternehmensanleihen oder Staatspapieren. Die Leitzinsen und mit ihnen die Renditen von Staatsanleihen sanken seit Jahren und hatten historische Tiefstände erreicht. Die Renditeaufschläge, welche die Junkbond-Emittenten den Investoren bieten mussten, um das größere Ausfallrisiko gegenüber Anleihen von Untenehmen mit höherer Kreditwürdigkeit auszugleichen, betrugen oft etliche Prozentpunkte. Die höhere Verzinsung hob die Risikobereitschaft und weckte den Jagdinstinkt nach saftigen Gewinnen (2). Wie nah die Verluste lagen, war dem Großteil der Junkbondkäufer sicherlich nicht bewusst. Bereits im Juli 2003 warnte die Ratingagentur Standard & Poor's (S&P), dass es in drei Jahren höhere Zahlungsausfälle bei amerikanischen Ramschanleihen geben könne.

So weit so gut. Doch wo liegt nun das Risiko einer „Bond-Bubble", einer Blase an den Rentenmärkten? Wenn jeder Staatspapiere oder Unternehmensanleihen besitzt, wird ein Ausverkauf an den weltweiten Bondmärkten einsetzen. Denn das Angebot wird noch weiter zunehmen, weil Regierungen und Unternehmen immer mehr Geld aufnehmen werden, um die Kon-

junktur anzukurbeln, Schulden zu bezahlen und Investitionen zu tätigen. Die vier größten Emittenten von Staatpapieren in der Euro-Zone – Deutschland, Frankreich, Spanien und Italien, mussten in 2003 Schulden in Höhe von fast 400 Milliarden Euro ablösen, indem sie neue Titel auflegten. Insgesamt dürften diese vier Länder mehr als 550 Milliarden Euro aufnehmen. Um dann weitere Anreize für neue Anleihen zu geben, könnte es notwendig sein, dass die Zentralbanken und Unternehmen Anleger mit höheren Zinssätzen zum Kauf weiterer Bonds motivieren müssen. Ein anderer Grund für wieder anziehende Zinsen könnte darin liegen, dass sich das Deflationsgespenst verflüchtigt und sich an seiner Stelle Inflationsängste breit machen.
Ganz gleich aus welchem Grund – ansteigende Zinsen hätten dramatische Folgen für die Rendite mittel- und langfristige Papiere. Zwar wird der Nennwert der alten Titel am Ende der Laufzeit in jedem Fall zurückgezahlt – vorausgesetzt der Schuldner fällt nicht aus. Aber der Kurs sinkt dramatisch, denn die neuen Anleihen, die zu höheren Zinssätzen ausgegeben werden, sind für Anleger viel interessanter. In jedem Fall gilt die alte Faustregel: fällt das Zinsniveau, steigen die Kurse für Anleihen; steigt das Zinsniveau, so fallen die Kurse. Den ersten Teil dieser Faustregel erlebten die Anleger in der Phase des Zinssenkungszyklus ab 2001: die Kurse stiegen in den Himmel und brachten den Anleihebesitzern astronomische Renditen. Die zweite Phase kommt so sicher wie das Amen in der Kirche, entweder wenn die Anleger mit frischem Geld sich über kurz oder lang nicht mehr mit den niedrigen Zinssätzen zufrieden geben oder wenn die Deflationsdiskussion abflaut und stattdessen neue Angst vor Inflation aufkommt.
Und so kam es denn auch, wie es kommen musste – und zwar früher als die Bondkäufer dachten. Schneller und dramatischer, als von den meisten erwartet, kamen die Anleihepreise ins Rutschen. Mitte Juni 2003 war die Rendite der zehnjährigen US-Staatsanleihen auf 3,11 Prozent und damit auf ein 45-Jahres-Tief gefallen. Die Gegenbewegung in den folgenden Monaten fiel umso heftiger aus: In nur 50 Tagen stiegen die Renditen der Papiere auf 4,41 Prozent. Für die Investoren, die der Meinung waren, ihr Geld in einen

„sicheren Hafen" geschleust zu haben, war das eine schmerzhafte Erfahrung. Konkret bedeutete dies, dass der Kurs der zehnjährigen Anleihe um 110 Dollar für die 1.000-Dollar-Anleihe gesunken war. Das entsprach den mühsam angesparten Zinsen aus etwa drei Jahren. Der Grund für den schon historisch zu nennenden Einbruch war, dass die Anleihekäufer ihre Deflationsängste überwanden. Scheinbar schlagartig und gleichzeitig erkannten sie, dass die US-Notenbank so ziemlich alles in ihrer Macht Stehende unternehmen würde, um die Wirtschaft in Schwung zu bringen – inklusive Inflation.

Bond-Bubbles gab es in der Vergangenheit schon mehrmals. 1994 hat die US-Notenbank nach einer Niedrigzinsphase die Zinsen um bis zu drei Prozentpunkte angehoben. Damals gaben zehnjährige Anleihen rund 20 Prozent nach, 30-jährige Papiere verloren sogar 43 Prozent. Die Korrektur der Bond-Kurse führte zu Kapitalverlusten von über 1,5 Billionen Dollar in den neunziger Jahren und die Blase des ersten Jahrzehnts im neuen Jahrtausend begann nicht weniger spektakulär zu platzen. Wenn sich dann genügend viele Anleger nach Aktien auch die Finger mit Anleihen verbrannt haben, ist die Zeit für den Aufstieg von Gold gekommen. Wer dann erst kauft, was alle kaufen, der erzielt die gleichen Resultate wie alle anderen; wer früher kauft, erzielt bessere.

Kapitel 8
Wer gewinnt die Wette?

Was wären die Finanzmärkte ohne Spekulationen! Wahrscheinlich wären sie langweilige Oasen der Ordnung und Bürokratie. Ohne Spekulationstriebe hätte es keinen Investment-Boom in den neunziger Jahren und keinen Aktienwahn gegeben. Die gleichen Triebkräfte bewegten nach den Aktien die Anleihemärkte. Was bei Aktien die „gehebelten" Geschäfte mit kreditfinanzierten Käufen waren, das sind bei den Anleihen die „carry-trades". Unter Carry-Trade versteht man ein Geschäft, für welches man sich billiges Kurzfrist-Geld leiht, um es gewinnbringend in besser rentierliche Anleihen, z.B. in qualitativ gute Unternehmensanleihen oder gar

Junk-Bonds zu investieren. Der Charme bei diesem Vorgang liegt im so genannten „Hebel“: mit wenig oder im Extremfall sogar mit Null Eigenkapital lässt sich bei günstigen Marktbedingungen viel Geld verdienen. Die Betonung liegt auf „günstige“ Marktbedingungen.

Wann und wie lange die Bedingungen günstig sind, wissen allerdings nur die wenigsten Mitspieler im Carry-Trade-Spiel. Solange die Zinsen weiter fallen, kann man fast risikolos mitspielen. Irgendwann jedoch wendet sich das Blatt. Sobald eine Zinserhöhung in Sichtweite kommt, kippt das System, da die ersten Spekulanten ihre Positionen auflösen und versuchen, mit Gewinn auszusteigen. Ab diesem Zeitpunkt gilt das im oben genannten Abschnitt zitierte Sprichwort, allerdings mit umgekehrten Vorzeichen:

Wer dann verkauft, wenn alle verkaufen, der erzielt die gleichen Resultate wie alle anderen. Meistens jedoch schlechtere! Da der Anleihemarkt sehr stark von geliehenem Geld angetrieben wird, tickt im weltweiten und vor allem im amerikanischen Bondmarkt eine gewaltige Zeitbombe. Bei der kleinsten Andeutung einer möglichen Zinserhöhung kann die Bond-Blase zerplatzen und massive Kurstürze bei den Anleihen auslösen.

Genauso viel Sprengstoff liegt in den Derivate-Geschäften der Banken. Derivate stellen Versicherungen dar. Sie werden verwendet, wenn sich z.B. ein Landwirt im Frühjahr das Recht erkauft, im Herbst seine Ernte zu einem bestimmten Preis zu verkaufen. Dadurch sichert er sich gegen einen möglichen Preisverfall seiner Produkte in der Zukunft ab. Diese so genannten Termingeschäfte haben sich auf den Rohstoffmärkten schon lange bewährt und deshalb wurden solche Konzepte der Preisabsicherung auch auf die Finanzmärkte übertragen. Heute sichern sich Banken oder Unternehmen, die umfangreiche Auslandsgeschäfte tätigen, über Derivate gegen Wechselkursschwankungen ab, damit beispielsweise Unternehmensgewinne nicht durch Kursverluste eines fallenden Dollars aufgezehrt werden. Diese Instrumente können den Firmen und Finanzinstituten Sicherheit und Stabilität verleihen, da mit ihnen Risiken gestreut und minimiert werden, wenn sie richtig und maßvoll eingesetzt werden.

Wie bei vielen Dingen im Leben kann ein zu viel des Guten schädlich sein. Und genau wegen dieses „zu viel“ braut sich seit geraumer Zeit einiges im Derivate-Markt zusammen. Absicherungsgeschäfte haben den Charakter von Wetten, denn sie funktionieren immer nur dann, wenn jemand bereit ist, ein bestimmtes Risiko zu übernehmen. Die finanziellen Risiken, die eine Bank oder ein Unternehmen tragen kann, sind jedoch stets begrenzt, ganz gleich, wie hoch die Kapitaldecke auch ist. Viele Banken nutzen inzwischen die Derivate weit über ihre Schutzfunktion hinaus – sie verwandeln sie in Instrumente, um spekulative Gewinne mit Kreditrisiken oder im Währungspoker zu erwirtschaften. In Zeiten wie den jetzigen können sich jedoch erhoffte Gewinne leicht in reelle Verluste verwandeln. Außerdem gehören zu einem Geschäft immer mindestens zwei Partner. Jeder dieser Geschäftspartner nimmt an, dass der andere die Wettschuld zahlen wird.
Was aber passiert, wenn der Mitspieler zahlungsunfähig wird? Diese Frage stellen sich auch immer mehr Kritiker dieser Instrumente. Einer ihrer prominentesten Vertreter ist der Groß-Investor Warren Buffet, der sehr wenig von Derivaten hält. Die Kritiker bemängeln insbesondere, dass es den Finanzaufsichtsbehörden weltweit bisher nicht gelungen ist, das Ausmaß möglicher Probleme des Finanzsystems durch Kreditderivate zu erfassen. Bei Kreditderivaten gehen Banken meist im großen Stil Absicherungsgeschäfte für laufende oder geplante Kredite ein, beispielsweise um sich gegen Kreditausfälle oder gegen steigende oder fallende Zinsen abzusichern. Allerdings weiß zur Zeit niemand genau, wo und wie Kreditderivate überall eingesetzt werden und wo das Kreditrisiko schließlich landet (13). Genauso wie bei Rohstoff- und Währungsgeschäften müssen auch bei Geschäften mit Kreditderivaten mindestens zwei Parteien mitspielen. Wenn einer der Marktteilnehmer eine zu dünne Eigenkapitaldecke besitzt, kann er die eingegangene Wette nicht halten und das Geschäft platzt.
Zurzeit besitzt die im Derivatehandel führende Investmentbank J.P. Morgan Chase Derivate im Wert von über 25 Billionen US-Dollar. Das entspricht mehr als dem 2,5-fachen des gesamten Bruttoinlandsprodukts der Ver-

einigten Staaten von Amerika. Insgesamt besitzen alleine die US-Banken Derivate mit über 50 Billionen Dollar. Die Problematik liegt darin, dass schon geringe Bewegungen an den Finanzmärkten einen Verlust von ein paar 100 Milliarden Dollar bringen können und diese Risiken sind in den letzten Jahren enorm angewachsen. Laut Schätzungen der britischen Bankenvereinigung verdoppelte sich der weltweite Handel alleine mit Kreditderivaten in 2002 auf rund 2000 Mrd. US-Dollar. Experten erwarten für 2004 eine weitere Verdoppelung (14).

Der ursprüngliche Gedanke, über Derivate Risiken abzufangen und Stabilität in die Märkte zu bringen, spielt im heutigen Derivategeschäft nur noch eine nebengeordnete Rolle. Die Hauptrolle spielt der Handel an sich. Der Derivatehandel hat sich verselbständigt und ist zum Spekulationsmechanismus geworden. Der Bezug zur realen Wirtschaft, zu realen Import- und Exportgeschäften ist weitgehend verloren gegangen. Winzige Wechselkursänderungen genügen, um bei einem entsprechend hohen Einsatz stattliche Gewinne zu erzielen. Erwarten z.B. Devisenhändler aufgrund einer unmittelbar bevorstehenden Zentralbanksitzung eine Senkung oder eine Erhöhung der amerikanischen Leitzinsen und damit eine Kursänderung des Dollars, so kaufen sie diese Währung über Derivate zu einem bestimmten Euro-Dollar-Wechselkurs. Mit ein bisschen Glück können sie schon bald nach Bekanntgabe der US-Zinsen mit Gewinn verkaufen, wenn sich der Dollarkurs in die erwartete Richtung bewegt hat.

Täglich werden Devisen im Wert von etwa 1,2 Billionen Dollar um den Globus gejagt, um auf Knopfdruck am Handelscomputer an der vierten Nachkommastelle Gewinne einzufahren. Eine Änderung des Euro-Dollar-Wechselkurses von 1,1499 auf 1,1500 ergibt bei einem Einsatz von 100 Millionen Euro innerhalb von Sekunden einen Gewinn oder Verlust von 10000 Euro – je nachdem, in welche Richtung man spekuliert hat. Ein kleiner Irrtum oder eine gravierende Fehlentscheidung können eine Großbank sehr schnell in den Ruin treiben. Die ehrwürdige britische Barings Bank erlebte dieses Schicksal, als sie 1995 durch die Fehlspekulation eines einzelnen Angestellten in den Konkurs getrieben wurde. Eine einzige große Bankenpleite heutzutage könnte eine Kettenreaktion auslösen und das Startsignal für eine Finanzkrise oder einen Zusammenbruch der amerikanischen und europäischen Aktienmärkte sein. Der einzige sichere Hafen ist dann Gold.

Kapitel 9
Alles unter Kontrolle

„Wir hatten fast eine Panik", sagte ein Händler für US-Staatsanleihen in New York. Noch wenige Wochen zuvor hatten sich Investoren trotz der niedrigen Verzinsung und der hohen Kurse auf amerikanische Staatsanleihen gestürzt und wild eingekauft, weil sie Angst vor einer Deflation hatten und mit noch stärker sinkenden Zinsen gerechnet hatten. Anfang Mai hatte Greenspan gerade erst vor den Gefahren einer Deflation gewarnt. Mit einer geringer als erwartet ausgefallenen Zinssenkung und optimistischen Wachstumsprognosen gab er im Juli 2003 ein Signal in die andere Richtung. Anleger, die meinten, dass Staatsanleihen eine sichere Anlage sind und keine allzu großen Sprünge machen, erlebten jetzt ihr blaues Wunder. Seit Mitte Juni waren die Kurse der Staatsbonds drastisch gefallen und nun wollten ihre Besitzer die Papiere schnellstmöglich wieder loswerden, was beinahe den schon längst erwarteten Bond-Crash ausgelöst hätte. Der Hauptgrund für den Ausverkauf der Staatspapiere waren Sorgen, dass die USA mehr neue Anleihen als erwartet begeben würden, um ihr Rekordhaushaltsdefizit von 455 Milliarden Dollar zu finanzieren (15). Dadurch würde der Wert der bereits verkauften Anleihen reduziert, unter anderem auch deshalb, weil neue Anleihen möglicherweise mit höheren Zinsen ausgestattet sein müssten, um genügend neue Investoren anzulocken.

In den USA hatte die Verschuldung des Staates ebenso wie in Deutschland ungeahnte und noch nie da gewesene Dimensionen angenommen, weil die regulären Einkünfte der Staaten – die Steuern – schon längst nicht mehr ausreichten, um die Ausgaben auszugleichen. Seit Jahren gingen die Einnahmen aus der Körperschaftssteuer – das sind Steuern, welche die Unternehmen zu entrichten haben – nicht nur zurück, sondern es gab sogar einen negativen Steuereffekt. Das heißt, durch Subventionen an Unternehmen und Steuerrückzahlungen musste der Staat mehr ausgeben als er einnahm.

Ähnlich ist es bei den Kommunen mit der Gewerbesteuer: auch hier ist das Steueraufkommen negativ. Große Konzerne mit internationaler Ausrichtung nutzen Schlupflöcher über ausländische Niederlassungen oder Tochterfirmen und ersparen sich die Steuern. Hauptträger der Steuerlast sind die mittelständischen und kleinen Unternehmen. Doch auch hier gehen Umsätze und Gewinne zurück, was zu weniger Steuereinnahmen bei Städten und Gemeinden führt. Durch die schwache Konjunktur der letzten Jahre sieht die Situation bei Einkommens- und Umsatzsteuer nicht viel besser aus.

Trotz sinkender Einnahmen im öffentlichen Sektor bleiben die Ausgaben konstant oder steigen weiter an. Selbst durch die Schließung von öffentlichen Bädern, Theatern, Büchereien, Sportstätten und durch Einstellungsstops auf allen Ebenen der öffentlichen Körperschaften ist nicht genügend Sparpotential gegeben, um die fehlenden Mittel auszugleichen. So bleibt am Ende nur die Aufnahme von Krediten, um die laufenden Kosten zu decken. Leider werden dadurch die Probleme nicht gelöst, sondern verschärft. Denn jeder Kredit muss irgendwann zurückgezahlt werden und bis zum Rückzahlungszeitpunkt müssen regelmäßig Zinsen bezahlt werden. Die Hoffnung, dass bis zum Tag der Fälligkeit genug Geld in die Kassen gekommen ist, hat sich bisher nur sehr selten erfüllt. Die öffentlichen Einnahmen haben sich in der Regel während der Laufzeit der Kredite nicht so sehr erhöht, dass beim Rückzahlungstermin die Schulden getilgt werden können. Deshalb müssen neue Darlehen aufgenommen werden, um die alten abzulösen.

Der Kreditbedarf steigt jährlich an, weil in jedem Jahr nicht genügend Geld in die Staats- und Gemeindekassen fließt. Um den jeweiligen Bedarf zu decken, müssen nicht nur Altkredite durch neue Darlehen ersetzt werden, sondern es müssen zusätzliche Kredite aufgenommen werden, um überhaupt noch Nettoeinnahmen zu erzielen. Das führt dazu, dass statistisch gesehen bereits jedes Neugeborene in Deutschland das Leben mit einem staatlichen Schuldenpaket von über 15.000 Euro beginnt. Eine vierköpfige Familie kommt hochgerechnet auf über 60.000 Euro. Die Gesamtschuldenlast in Deutschland von Bund, Länder und Gemeinden beträgt inzwischen 1.302.761.267.173 Euro (Stand 12. 8. 2003). Allein der Bund, auf den 56,5 Prozent der Schulden entfallen, muss jährlich rund 40 Milliarden Euro nur für die Zinsen aufbringen, ohne dass auch nur ein Cent Tilgung dabei wäre (16).

In den Vereinigten Staaten sieht die Lage nicht viel besser aus. Innerhalb von nur zwei Jahren hatte es die Regierung unter George W. Bush geschafft, durch Steuersenkungen und großzügige Förderprogramme einen Haushaltsüberschuss in ein Defizit von noch nie da gewesenen Ausmaßen zu verwandeln. Die meisten Amerikaner hatten der Staatsverschuldung lange Zeit wenig Beachtung geschenkt, obwohl die große Leuchttafel an einer Hauswand nahe dem Times Square in New York für jeden sichtbar von Sekunde zu Sekunde das Schuldenwachstum des Landes zählte. Das amerikanische Staatsdefizit wuchs zeitweise so schnell, dass die letzten Ziffern auf dem Leuchtschild nur noch verschwommen zu sehen waren. An einem Freitag im September 2003 zeigte die Schuldenuhr: „Unsere nationalen Schulden: $ 6 913 377 817 326. Ihr persönlicher Anteil: $ 74 374." Noch keine Regierung hatte jemals zuvor in so kurzer Zeit die Staatsfinanzen in solche Unordnung gebracht. Binnen zweieinhalb Jahren waren aus einem Überschuss von 237 Milliarden Dollar ein Minus von über 400 Milliarden geworden – die Kosten für den Irakkrieg nicht eingeschlossen (17).

Die wachsende Verschuldung zieht einen ständig steigenden Anteil der Zinslast am Gesamthaushalt des Staates und der Gemeinden nach sich. Irgendwann ist die Zinslast für die Schuldner so hoch, dass keine freien Mittel mehr für weitere Zinszahlungen oder gar für Rückzahlungen zur Verfügung stehen. Die Staaten verlassen sich darauf, dass die zunehmende öffentliche Verschuldung mit zunehmender Inflation gegenentwertet wird, dass also die Last der Schulden durch eine Verminderung des Geldwertes gesenkt wird. Dies ist einer der Hauptgründe, weshalb die Politiker und Notenbanker das Deflationsgespenst mit allen Mitteln vertreiben wollen. In einer Deflation wird der Geldwert nicht verringert, sondern erhöht und damit können sich die Kräfte zur Entschuldung nicht entfalten.

Ab einer bestimmten Verschuldungshöhe gibt es allerdings nur zwei Möglichkeiten für einen Staat. Entweder er macht immer schneller immer höhere Schulden, indem er sich von der Notenbank neues Geld auszahlen lässt, bzw. neue Anleihen begibt, wodurch das bereits vorhandene Geld immer weniger wert wird. Oder er zahlt keine Zinsen mehr und nimmt keine neuen Kredite mehr auf, was letztendlich zum Bankrott führen würde. Beide Möglichkeiten würden höchstwahrscheinlich zu einer Währungsreform führen. Danach würde man für die Altschulden einen Vergleich mit den Gläubigern anstreben. Der Staat hätte eine erhebliche Teilentschuldung erwirkt, die Bürger wären sozusagen teilenteignet worden (18).

Die meisten Käufer von Staatsanleihen haben sich darüber noch keine großen Sorgen gemacht, da der Staat – ganz gleich ob Deutschland oder die USA – immer noch als zuverlässiger Schuldner gilt. Die Mehrheit der Anleger vertraut darauf, dass die Politiker und die Notenbanker alles unter Kontrolle haben. Wenn aber einmal ein kleiner Misstrauensfunke überspringt, kann es sehr schnell passieren, dass private Anleger ihre Gelder dem Staat nicht mehr überlassen wollen. Eine Vertrauenskrise könnte sich heutzutage sehr schnell in eine Finanzkatastrophe verwandeln. Innerhalb von Sekunden können Investoren auf elektronischem Weg ihr Kapital abziehen, wenn ein Staat ein außergewöhnliches Defizit veröffentlicht. Andere Weltregionen können infiziert werden, wenn plötzlich die Meinung aufkommt, dass die Entwicklung zweier Länder ähnlich verläuft oder verlaufen könnte. So kann eine kleine politische Fehlentscheidung in einem Land zu Kapitalflucht und Wirtschaftskrisen in Ländern eines anderen Kontinents führen.

In der Vergangenheit hat sich gezeigt, dass bei sich anbahnenden Krisen Gold immer stärker nachgefragt wird. Sein Wert wird voraussichtlich stark steigen und es ist dann eines der sichersten Vermögensaufbewahrungsmittel, wenn man physisches Gold in Form von Barren oder Münzen besitzt. Wenn die Papierwerte wie Anleihen, Aktien, Zertifikate, Bargeld etc. an Wert verloren haben werden, wird Gold seinen Eigentümer in die Lage versetzen, überall bezahlen zu können und neue, lukrative Investitionen zu tätigen, wo die Krise günstige Gelegenheiten geschaffen hat.

Kapitel 10
Alles zum halben Preis

Die Bundesbank scheint große Sorge zu haben," kommentierte ein Chef-Banker den neuen Monatsbericht der Deutschen Bundesbank, der im Juni 2003 veröffentlicht wurde. In diesem Bericht beschäftigte sich die Bundesbank auf 15 Seiten ausführlich mit der Wahrscheinlichkeit und den Folgen einer Deflation. Die Tatsache, dass sie so viel darüber schrieb, war bemerkenswert, auch wenn die deutschen Verbraucher gemäß einer Umfrage der Gesellschaft für Konsumforschung (GfK) im Mai 2003 keine sinkenden Preise erwarteten.

Wenn auch die Verbraucher noch keine große Sorge vor Deflation und sinkenden Preisen hatten, so machten sich doch immerhin schon Politiker und Wirtschaftsfachleuten ernste Gedanken darüber. Gemäß einer Umfrage der Wirtschaftszeitung Handelsblatt vom Juni 2003 hielten 42 Prozent der Top-Manager Deutschlands die Gefahr eines allgemeinen Preisverfalls für „sehr hoch" oder „eher hoch". Ein Teil der Führungskräfte bereitete sich auf eine Deflation vor, obwohl sie sie nicht für wahrscheinlich hielten. Als konkrete Maßnahme wurde insbesondere der Abbau der Unternehmensverschuldung intensiviert, da in einer Deflation die reale Last von Verbindlichkeiten steigt. Ende Juni 2003 war es dann fast amtlich: Die Bank für Internationalen Zahlungsausgleich (BIZ), die Bank der Notenbanken, warnte davor, dass durch die niedrigen Inflationsraten in den meisten Industrieländern eine weitere Rezession genügen würde, um eine Deflation auszulösen. Was einem Experten Sorgenfalten auf die Stirn zeichnet, könnte den Konsumenten doch eher zu freudigen Äußerungen bewegen: man stelle sich vor, beim Wochenendeinkauf werden alle Waren mit 50 Prozent Rabatt angeboten oder beim Autokauf zahlt man 30 Prozent weniger. Was soll daran schlecht sein? Und was würde es einem Unternehmen schaden, wenn es z. B. für Zulieferteile weniger ausgeben muss und dafür seine Güter günstiger anbieten kann oder das gesparte Geld für andere Investitionen nutzen kann? Unternehmen wollen normalerweise höchstmögliche Gewinne erzielen. Wie aber sollen sie das schaffen, wenn sie durch Wettbewerbsdruck oder durch das wirtschaftliche Umfeld gezwungen werden, zu immer niedrigeren Preisen anzubieten? Möglich ist dies, wenn sie ihre Effizienz steigern. Das beste Beispiel hierfür liefert die Computerindustrie. Die Preise sind seit ewigen Zeiten gefallen, obwohl die Verkäufe gestiegen sind und sowohl Computerhersteller als auch der Handel haben gut dabei verdient. Viele Firmen sind immer besser geworden mit ihren Produkten, ihren Prozessabläufen, ihrem Vertrieb und waren dadurch in der Lage, auch mit fallenden Preisen ordentliche Gewinne zu erzielen. An diesem Beispiel ist ersichtlich, dass es keinen radikalen Bruch geben muss zwischen den Interessen der Verbraucher, die sich immer niedrigere Preise wünschen, und wirtschaftlicher Gesundheit für die Untenehmen. Was für den Verbraucher gut ist, ist eigentlich für jeden gut, da jeder ein Verbraucher ist. Dennoch behaupten viele Experten, dass fallende Preise Gift für die Konjunktur sind, weil das Geld dann mehr wert ist und Verbraucher keinen Anreiz hätten, das Geld auszugeben. Die Konsumenten würden bei anhaltend sinkenden Preisen ihre Käufe in die Zukunft verschieben, denn sie hoffen darauf, das gleiche Produkt später günstiger zu bekommen. Als Folge davon würden sich die Wirtschaftsaktivitäten verlangsamen, die Nachfrage würde zurückgehen, Investitionen würden aufgeschoben, die Arbeitslosigkeit würde steigen. All diese Annahmen würden jedoch unterstellen, dass die Verbraucher einen Vorteil davon hätten, wenn sie für alle Ewigkeit ihr Geld aufheben und nie mehr etwas kaufen würden, was nicht nur unwahrscheinlich, sondern eher absurd ist. Sicherlich würden fallende Preise zunächst einen Anreiz zum Sparen geben, aber so lange die Neigung zum Sparen da ist, anstatt Geld auszugeben, wird damit der Weg für zukünftiges Wirtschaftswachstum geebnet.

Ein weiterer Sorgenpunkt für viele ist die Auswirkung der Deflation auf die Bezahlung von Schulden. Deflation macht es viel schwieriger, bestehende Verbindlichkeiten zurückzuzahlen.

Es ist richtig, dass dann Darlehen in Euro oder Dollar zurückbezahlt werden müssen, die mehr wert sind, als diejenigen, die man sich ausgeliehen hat. Dies ist jedoch immer Teil des Risikos, das man eingeht, wenn man Schulden oder Finanzgeschäfte macht. Wenn jeder den perfekten Vorausblick hätte, würde sich unser Verhalten grundlegend ändern und jeder wäre steinreich. Somit entsteht in einer Deflationszeit ein Negativanreiz zum Schuldenmachen und eine positive Verstärkung der Sparneigung zum Zwecke der Investition in sinnvolle wirtschaftliche Projekte. Letztendlich bedeutet dies eine Belohnung für diejenigen, die einen gesunden und ausgeglichenen Finanzhaushalt haben, ganz gleich ob Unternehmen oder Privatperson.

Kommen wir zum Hauptproblem: Die Grosse Depression der dreißiger Jahre steht als Sinnbild für die Tatsache, dass fallende Preise die Wirtschaft

zum Erliegen bringen. Die Ursache für die Depression waren jedoch nicht die fallenden Preise. Diese waren nur die Auswirkung von zahlreichen Fehlern, die in der vorausgegangenen Boom-Phase begangen worden waren und durch die massiven Interventionen der Regierung verstärkt wurden.
Schließlich waren es die fallenden Preise und die zurückgehenden Lebenshaltungskosten, die überhaupt ein Überleben für viele möglich machte. Man stelle sich nur einmal vor, was passieren würde, wenn bei einer rückläufigen Konjunktur, bei geringen Ersparnissen, bei hoher Arbeitslosigkeit die Preise kräftig steigen würden! Und man muss sich selbst fragen, ob man für Waren, Dienstleistungen, Mieten lieber mehr oder weniger zahlen möchte, wenn man arbeitslos ist oder um seine Arbeitsstelle bangen muss. Interessanterweise fielen im 19. Jahrhundert die Preise fast immer in Phasen des wirtschaftlichen Wachstums. Der gesamte Trend der industriellen Revolution in der westlichen Welt war von fallenden Preisen geprägt, wodurch ein immer höherer Lebensstandard für die gesamte Bevölkerung erreicht werden konnte. Trotz oder wegen fallender Preise konnte die allgemeine Gewinnsituation der Unternehmen stabil gehalten werden und trotz oder wegen fallender Preise konnten die Löhne konstant bleiben und dennoch ein echter Kaufkraftzuwachs erzielt werden. Wenn also schon Rezessionen unvermeidlich sind, dann ist es besser, eine Deflation zu haben anstatt einer Inflation, welche die Preise nach oben treibt und damit keinen Anreiz zum Sparen und Investieren in die Zukunft bietet. Inflation verführt zum schnellen Konsum und verbraucht somit Kapital, welches für zukunftsträchtige Investitionen nötig wäre. Auf diese Weise wird die Rezession nicht vermieden, sondern verlängert (19).
Glücklicherweise besitzen die freien Märkte Mechanismen, die dem entgegenwirken. Als Alan Greenspan am 25. Juni 2003 zum dreizehnten Mal in Folge innerhalb von knapp drei Jahren den Leitzins auf 1,0 Prozent senkte, war bereits vorher klar, dass die realwirtschaftlichen Auswirkungen dieser Zinsentscheidung äußerst gering sein dürften.
Denn bereits vor dieser Zinssenkung war die Inflationsrate über dem Leit-

zins von 1,25 Prozent. Somit waren die realen Finanzierungskosten für Unternehmen und Verbraucher bereits derart niedrig, dass von einem weiteren Zinsschritt kaum mehr Investitionen und Konsumausgaben zu erwarten waren. Insbesondere die Firmen haben als Schutzreflex in einer schrumpfenden Wirtschaft sehr schnell darauf verzichtet, sich noch weiter zu verschulden, ganz gleich, wie billig auch immer man ihnen das Geld anbot.
Noch wenige Wochen zuvor hatte Greenspan weitere Zinssenkungen als „Versicherung“ gegen die Deflation in Aussicht gestellt. Mit dem Erreichen der magischen 1-Prozent-Marke war der Notenbankvorsitzende in einem Bereich angekommen, wo verhältnismäßig bald der Eindruck entstehen konnte, dass er sein Pulver verschossen hatte. Sehr vertrauenserweckend waren die bis zu diesem Zeitpunkt ergriffenen Maßnahmen der Fed ohnehin nicht, da sie sich bis dato ausschließlich auf die Senkung von Zinsen beschränkt hatten und noch keine nennenswerte positive Wirkung gezeigt hatten. Verstärkt wurden die Zweifel an der Strategie der Deflationsbekämpfung als der Fed-Chef eingestand: „Anders als beim Kampf gegen die Inflation, wissen wir nur sehr wenig darüber, wie wir einer Deflation begegnen sollen.“ Als ein amerikanischer Kongressabgeordneter anlässlich einer parlamentarischen Anhörung fragte, welche Möglichkeiten die Notenbank hätte, wenn der Zins nahe Null sänke, versuchte Greenspan die Politiker zu beruhigen: „Wir haben machtvolle Mittel, um die langfristigen Zinsen zu beeinflussen.“ Er deutete damit an, dass die Notenbank notfalls zu unkonventionellen Maßnahmen greifen könnte und durch den Aufkauf langfristiger Staatsanleihen zusätzliche Liquidität in die Wirtschaft pumpen könnte. Genau in diesem Punkt jedoch vertrat die Europäische Zentralbank (EZB) eine andere Meinung. Sie war der Auffassung, dass , wenn sich die Zinsen erst einmal zur Nullgrenze hin bewegten, die Möglichkeiten der Geldpolitik weitgehend erschöpft wären und die Wirkung alternativer liquiditätszuführender Maßnahmen begrenzt sei. Auch andere gewichtige Stimmen zweifelten an den Fähigkeiten der Fed, der US-Konjunktur frischen Schub zu verleihen. Der Finanzprofessor Robert Shiller von der Elite-Universität Yale

sagte: „Wenn wir einmal in die Deflation rutschen, kann die Geldpolitik mit Zinssenkungen nichts mehr bewirken; das ist dann eine Weile so, als gäbe es gar keine Fed.“ Auch andere Experten warnten bereits vor drastischen Maßnahmen und einer zu starken Lockerung der Geldpolitik, da die zwangsläufige Folge neue, wesentliche höhere Inflation sei. Wenn dieser Fall eintritt, ist Gold die beste Versicherung gegen die Turbulenzen an den Finanzmärkten.

Kapitel 11
Entschuldung auf amerikanische Art

Der bekannte amerikanische Schriftsteller Ernest Hemingway soll einmal gesagt haben: „Das erste Heilmittel für eine schlecht geführte Nation ist Inflation; das zweite ist Krieg. Beide bringen zeitweiligen Wohlstand; beide führen auf Dauer in den Ruin." So wie sich die Lage der amerikanischen Nation im Jahr 2003 darstellte, sah es eindeutig danach aus, dass die USA zu beiden „Heilmitteln" gleichzeitig griffen. Nach dem noch nicht abgeschlossenen Afghanistan-Feldzug gönnte sich die Supermacht nur eine kleine Verschnaufpause, um dann recht zügig einen neuen Feind, Saddam Hussein, zu attackieren. Und kaum waren die „Hauptkampfhandlungen"

im Irak beendet, waren auch schon die nächsten Gegner ausgemacht, die es zu bedrohen und notfalls auch zu besiegen galt: der Iran und Nordkorea.
Der Grund, weshalb für Amerika ein einziges Heilmittel gar nicht mehr ausreichend erschien, lag in der unglaublichen Verschuldung, dem noch nie in einer solchen Größenordnung da gewesenen Handelsdefizit. Die Tatsache, dass ein offizielles Mitglied der amerikanischen Notenbank öffentlich und laut über die Zerstörung der Landeswährung nachdachte, wurde in ihrer vollen Bedeutung vermutlich noch lange nach dieser Rede des Gouverneurs Bernanke am 21. November 2002 vor dem National Economists Club nicht erkannt. Zumindest wurden seine Ausführungen noch nicht ganz für bare Münze genommen. Wahrscheinlich aber erschien es den meisten viel zu absurd, um zunächst als ernsthafte Bedrohung des weltweiten Finanzsystems angesehen zu werden als er sagte, die US-Regierung habe eine Technologie – die Notenpresse – die es erlaube, praktisch ohne Kosten so viele Dollars zu drucken, wie sie wolle.
Hier handelte sich aber ganz klar um eine ernsthafte Aussage von Seiten des offiziellen Amerika: Entschuldung durch die Gelddruckmaschine. Dies ist historisch einzigartig; noch nie zuvor hatte ein Staat in einer derartigen Form angekündigt, sein Geld entwerten zu wollen und seine Währung zu ruinieren. Der dahinter stehende Gedanke war der, dass man mit einer extrem lockeren Geldpolitik die strukturellen Probleme, die aus den neunziger Jahren ins neue Jahrtausend mit übergesiedelt waren, schnell und nachhaltig lösen könnte. Als letzten Rettungsanker hätte man sogar noch weitere, „unkonventionelle" Maßnahmen, um den gewünschten Erfolg zu erzielen. Mit diesen unkonventionellen Maßnahmen war in erster Linie der Aufkauf von Staatsanleihen gemeint, der verhindern sollte, dass Deflation entsteht bzw. dass die Inflation zu niedrig würde. Das Schlimme an einer Deflation oder zu niedrigen Inflation wäre ja, dass man seine Schulden tatsächlich mit realem, wertvollem Geld zurückzahlen müsste. Das sollte in jedem Fall verhindert werden, notfalls in der Form, dass die US-Notenbank kurz- oder längerlaufende Staatsanleihen aufkaufen würde und mit neugedruck-

ten Dollars bezahlen würde. Das höhere Dollar-Angebot würde den Greenback schwächen und über gewollt teurere Importpreise den gewünschten Inflationseffekt erzeugen.

Interessant bei diesem Vorgang des Aufkaufens von Staatsanleihen ist der einfache Funktionsmechanismus. Weist beispielsweise das staatliche Budget ein Defizit auf, so beschafft das Schatzamt (Finanzministerium) Geld zur Bezahlung der öffentlichen Ausgaben, indem es Wertpapiere herausgibt. Die potentiellen Käufer dieser Wertpapiere sind private oder institutionelle Anleger aus dem In- oder Ausland, inländische Banken und die Zentralbank des Landes. In vielen Volkswirtschaften ist die Notenbank der wichtigste Käufer von Schatzanleihen und somit wichtigster Kreditgeber.

Der Clou bei diesen Geschäften ist nun folgender: Die Schuld des Schatzamtes gegenüber der Notenbank muss nicht wirklich zurückgezahlt werden; sie stellt lediglich eine Forderung einer staatlichen Institution gegen eine andere dar. Daher besteht der endgültige Effekt des Aufkaufens öffentlicher Anleihen durch die Zentralbank darin, dass der Staat ein Defizit eingeht, für das er mit einem erhöhten Geldangebot in Händen des Publikums bezahlt. Da es wenig kostet, Geld zu drucken, kann der Staat Güter und Dienste zu geringen Kosten erwerben.

Der Haken an der Sache ist, dass diese so genannte Monetisierung des Budgetdefizits zu Inflation führt. Das Elegante an der Sache ist, dass genau dieser Effekt von der US-Notenbank gewünscht wird. In dem Maße, wie die Notenbank Schatzanleihen erwirbt, finanziert der Staat sein eigenes Defizit durch eine Erhöhung des Geldangebotes.

Die Krönung dieser Methode besteht darin, dass in den USA das Schatzamt zwar Zinsen auf die von der Fed gehaltenen Schuldtitel zahlt, aber diese Zinsen werden von der Fed über Transferzahlungen wieder an das Schatzamt zurückgegeben. Das Schatzamt zahlt nur Zinsen auf die vom Publikum gehaltenen Staatsanleihen, nicht aber auf die von der Fed. Schöner kann Schuldentilgung nicht mehr sein: Schulden werden mit Schulden finanziert, und zwar zum Nulltarif – Entschuldung auf amerikanische Art.

Die Risiken und Nebenwirkungen dieser Politik sind allerdings enorm und betreffen nicht nur Amerika, sondern den Rest der Welt.
Sollte nämlich das gutgläubige Publikum mit der Zeit argwöhnisch werden und diese Methode missbilligen, erleben wir eine große Geldpanik. Dann geht es denjenigen gut, die Gold besitzen.

Kapitel 12
Pulverfass China

Mehr als zehn Prozent seiner Fahrzeuge setzt Volkswagen mittlerweile in China ab. Viele andere Firmen sehen in China ebenfalls einen strategisch wichtigen Wachstumsmarkt. Aber die Angst vor China nimmt zu. Nicht mehr die Volksarmee des bevölkerungsreichsten Landes der Erde flößt den großen Industrieländern Angst ein, sondern seine Industrialisierungspolitik. Sowohl die USA, Japan und Südkorea, als auch die Europäische Union sehen angesichts hoher Handelsüberschüsse und wachsender Devisenreserven im Reich der Mitte dringenden Aufwertungsbedarf für die Landeswährung Renminbi. Der europäische Notenbankchef Wim Duisen-

berg bewertete Chinas Wechselkurspolitik als eine der größten Gefahren für die wirtschaftliche Entwicklung Europas (20).
Durch die feste Anbindung der chinesischen Währung an den US-Dollar können die Vereinigten Staaten keine Abwertung gegenüber dem Renminbi herbeiführen. Somit gibt es kein Ventil, aus dem Druck abgelassen werden kann zur Normalisierung des riesigen Leistungsbilanzdefizits der USA. Chinas Ausfuhren in die EU wuchsen 2003 um über vierzig Prozent, in die USA um weitere 35 Prozent – Tendenz steigend. Amerika importiert jedes Jahr viel mehr Waren und Dienstleistungen vom Rest der Welt, als es dorthin ausführt und muss entsprechende Kredite dafür aufnehmen. In der modernen Wirtschaftsgeschichte gibt es keinen Fall, in dem so etwas auf Dauer gut ging. Am Ende stand immer eine Wirtschafts- und Währungskrise.
Die Währungshüter in Europa wussten das und hatten daher die deutliche Euro-Aufwertung hingenommen. Allerdings waren sie nicht bereit und auch nicht in der Lage, die gesamte Last der amerikanischen Verschuldung zu tragen. Ohne die Mitwirkung der asiatischen Länder, die sich bisher allen Abwertungsbemühungen der Amerikaner widersetzt hatten, konnte das Gleichgewicht im internationalen Währungssystem nicht mehr hergestellt werden. Japan, das in einer Dauerkrise steckte, vertrat zum Teil mit guten Argumenten die Ansicht, es könne sich eine kräftige Aufwertung zum Dollar nicht leisten. Die meisten anderen asiatischen Länder hatten wie China ihre Währungen ebenfalls an den Dollar gekoppelt und werteten daher immer schön fleißig mit ab, wenn der Dollar fiel. Solange dieser Zusammenhang bestand, konnte also auch Japan nicht anders, als sich gegen eine Dollarabwertung zu stemmen, um seine Wettbewerbsfähigkeit zu erhalten. Aus diesem Grund wuchs der Druck auf China. Denn China ist ein bedrohlicher Konkurrent für die Schwellenländer Asiens. Das Land überschwemmt mit seinen Massen von Billigprodukten den Globus, da ein Milliardenheer unterbeschäftigter und extrem billiger Arbeitskräfte zur Verfügung steht. Wenn die asiatischen Länder gegenüber dem Dollar aufwerten würden und China seine Dollarbindung beibehielte, würde sein Vorteil

und seine Vorherrschaft noch größer. Die Forderung, dass China seiner gewachsenen weltwirtschaftlichen Verantwortung gerecht werden müsse, ist für das Land sehr schwer zu erfüllen. Die chinesische Regierung sitzt auf einem sozialen Pulverfass: nur eine weiterhin stark wachsende Wirtschaft kann die Probleme von hoher Arbeitslosigkeit und nicht vorhandenem sozialen Netz beherrschbar machen. Eine Folge davon waren riesige Überkapazitäten in vielen Industrien – nach offiziellen Zahlen bei über achtzig Prozent der wichtigsten Produkte. Chinas Regierung machte sich daher Sorgen über die Folgen der Handelsüberschüsse und die schnell wachsenden Devisenreserven.

Experten warnten inzwischen vor dem rasanten Produktionsanstieg und einer Überhitzung der Wirtschaft. Das *Handelsblatt* zitierte im Juli 2003 einen Hongkonger Finanzexperten: „Es wäre schwierig, irgendeine Nation ausfindig zu machen, die sich irgendwann im Industriezeitalter weiter vom ökonomischen Gleichgewicht entfernt hat als China (21)." Die Wirtschaftsfachleute sorgten sich vor allem um das enorme Wachstum der Kreditmenge, die drei bis vier Mal so schnell anstieg wie das Bruttoinlandsprodukt. Die schlimmste Blase baute sich im Immobiliensektor auf, der über ein Viertel der gesamten chinesischen Wirtschaftsleistung ausmachte. Durch günstige Kredite wurde der Sektor weiter angeheizt und über 70 Prozent des eingesetzten Kapitals waren demzufolge Bankkredite. Dies führte dazu, dass bei den Banken bereits mehr als ein Drittel des gesamten Portfolios aus Immobilienkrediten bestand.

Das Problem an der Situation bestand vor allem darin, dass China einerseits weiterhin ein starkes Wachstum brauchte, um das Pulverfass nicht explodieren zu lassen und sich deshalb eine Abkühlung des Immobiliensektors nicht leisten konnte. Andererseits wuchs damit das Risiko einer Bankenkrise durch faule Immobilienkredite ständig an. Hinzu kam, dass auch China – ähnlich wie die USA – ein dramatisches Rentenproblem hat. Nachdem sich das Land zunächst schrittweise, dann immer progressiver der Marktwirtschaft zugewandt hatte, entstanden Probleme, die unter

dem früheren streng kommunistischen Regime nicht existiert hatten.
Die Gesetze des Kapitalismus forderten ihren Tribut, als die marode Staatswirtschaft begann, verstärkt Arbeiter zu entlassen. Seit 1998 hatten mehr als 40 Millionen Menschen ihren Arbeitsplatz verloren und das wirkte sich sehr schnell auf den staatlichen Pensionsfonds aus. China hat eine vergleichsweise gesunde Bevölkerungsstruktur mit nur 6 Prozent der Bevölkerung, die älter als 65 Jahre sind. Dies ist fast noch die idealtypische Grundlage, auf der auch die westlichen Rentensysteme einmal aufgebaut waren. Die Auswirkungen der jahrzehntelang von der Regierung gesteuerten Ein-Kind-Politik werden jedoch schon in den nächsten Jahren zu veränderten Strukturen führen und auch in China werden immer weniger junge Menschen eine steigende Anzahl von Rentnern finanzieren müssen. Die unter dem Zwang der Gewinnerzielung getätigten Entlassungen der vergangenen Jahre wirken sich aber bereits jetzt auf die Altersversorgung in China aus, da weniger Arbeiter auch weniger in den Pensionsfonds einzahlen.
Um die Rentenkassen aufzufüllen, plante die Regierung den massiven Verkauf von Anteilen, die das Land an Börsengesellschaften hält. In China halten Ministerien oder Staatsfirmen etwa zwei Drittel der Anteile von über 1.200 börsennotierten Firmen, damit die Kontrolle in den Händen des Staates bleibt. Mitte des Jahres 2003 holte man alte Pläne wieder aus der Schublade, die schon zwei Jahre zuvor hätten umgesetzt werden sollen. Damals, im Sommer 2001 hatte die Regierung erstmals den Verkauf staatlicher Anteile bekannt gegeben. Daraufhin stürzten die betroffenen Aktien um 30 Prozent ab, weil die Anleger eine Flut von Verkäufen befürchteten und lieber ihre eigenen Papiere am Markt loswerden wollten, bevor der große staatliche Ausverkauf begann. In dieser Verkaufspanik verloren Chinas Anleger 145 Milliarden Dollar. Die Regierung gab ihre Pläne auf, um weitere Verluste zu verhindern. Auch beim nächsten Anlauf zwei Jahre später waren viele Analysten und vor allem einheimische Investoren skeptisch, denn ein Verkauf von bis zu 90 Prozent der staatlichen Anteile würde die Kurse erneut stark unter Druck setzen (22).

Die wohlgemeinten Kaufempfehlungen für chinesische Aktien, die viele Analysten, Banken und Investmentgesellschaften zur gleichen Zeit aussprachen, als die alten Maßnahmen zur Rettung der chinesischen Renten wieder diskutiert wurden, waren für westliche Investoren ein schlechter Tipp. Die Chinesen selbst steckten ihre Ersparnisse nicht mehr in die heimischen Firmen, sondern sie hoben ihr Geld auf, um es in Gold zu investieren.

Kapitel 13
Der Wert des Goldes

Wer Gold hat, hat immer Geld," sagt ein altes Sprichwort. Das Einzigartige an Gold ist die Tatsache, dass keine Regierung der Welt und keine Notenbank Gold herstellen und durch inflationären Gebrauch entwerten kann. Das unterscheidet physisches Gold von allen anderen auf Papier gedruckten Anlageformen wie Aktien, Anleihen, Banknoten oder Kontoguthaben.

Der Inhaber von Goldmünzen oder Goldbarren kann nicht durch eine Konkurserklärung eines Schuldners enteignet werden, da der Wert des Goldes unabhängig vom Zahlungsversprechen Dritter besteht. Gerade die-

ser Sachverhalt gibt Gold in unserer heutigen Zeit die Bedeutung zurück, die es in den letzten 20 Jahren scheinbar verloren hatte.
In einem Artikel aus dem Jahr 1966, der später in einem Buch abgedruckt wurde (23), zeigte der heutige Vorsitzende der amerikanischen Notenbank Alan Greenspan den Wert und die Bedeutung des Goldstandards auf: „Wenn Banken Geld ausleihen, um produktive und profitable Unternehmen zu finanzieren, werden die Ausleihungen rasch zurückgezahlt und Bankkredit ist weiterhin allgemein verfügbar. Aber wenn die mit Bankkrediten finanzierten Geschäfte weniger profitabel sind und nur langsam zurückgezahlt werden, spüren die Banker schnell, dass ihre ausstehenden Darlehen zu hoch sind im Verhältnis zu den Goldreserven und sie fangen an, mit neuen Ausleihungen zurückhaltender zu sein, üblicherweise indem sie höhere Zinsen berechnen. Dies begrenzt die Finanzierung neuer Unternehmungen und erfordert von den bestehenden Schuldnern, dass sie ihre Gewinnsituation verbessern, bevor sie Kredite für weitere Expansionen bekommen können."
Durch die begrenzten Goldreserven, die einer Notenbank zur Verfügung standen, wurde automatisch eine ungleichgewichtige Expansion der Geschäftstätigkeit gestoppt, bevor sie sich zur Katastrophe entwickeln konnte. Erforderliche Korrekturphasen waren in der Regel kurz und die Wirtschaft konnte bald wieder auf den Expansionskurs zurückkehren. Leider wurde dieser Heilungsprozess als Krankheit fehlinterpretiert. Die Argumentation der Wirtschaftsinterventionisten lautete folgendermaßen: Wenn der Mangel an Bankreserven einen Konjunkturabschwung bewirkte, müsste man lediglich einen Weg finden, um zusätzliche Reserven zur Verfügung zu stellen, so dass sie nie knapp werden müssten. Die Banken könnten dann unbegrenzt fortfahren, Geld zu verleihen und es würde keine Konjunkturrückschläge mehr geben. Daraufhin wurde 1913 das Federal Reserve System organisiert, das aus 12 regionalen Federal Reserve Banken bestand, die nominal zwar privaten Bankern gehörten, in Wirklichkeit aber vom Staat gefördert, kontrolliert und unterstützt wurden. Ab diesem

Zeitpunkt konnte zusätzlich zum Gold auch noch von den Federal Reserve Banken geschöpfter Kredit als legales Zahlungsmittel dienen.
Ein großer „Nachteil“ des Goldstandards konnte mit diesem Federal Reserve System beseitigt werden: Die verfügbaren Geldmittel waren nicht mehr an die vorhandenen Goldreserven gebunden, sondern konnten beliebig geschöpft werden. Solange der Goldstandard Bestand hatte, waren keine chronischen Haushaltsdefizite möglich, da der Kreditumfang, den die Wirtschaft verkraften konnte von den realen Sachwerten der Wirtschaft begrenzt wurde und weil jedes Kreditverhältnis letztendlich einen Anspruch auf einen realen Sachwert darstellte. Die Abschaffung des Goldstandards ermöglichte es den Regierungen, das Banksystem für eine unbegrenzte Kreditexpansion zu missbrauchen, indem sie Papiervermögen in Form von Staatsanleihen erzeugten. Dieses Papiervermögen akzeptierten die Banken als Sicherheit, gleichsam als Ersatz für das, was früher eine Einlage in Gold war. Trotz dieses Vorteils, den die Aufhebung des Goldstandards für den Staat brachte, wurde natürlich das Gesetz von Angebot und Nachfrage nicht aufgehoben. Wenn das Angebot von Geld im Verhältnis zum Angebot von realen Gütern und Dienstleistungen steigt, müssen die Preise unweigerlich steigen.
Greenspan machte dies vor fast vierzig Jahren in seiner Rede deutlich: „Ohne Goldstandard gibt es keine Möglichkeit, Ersparnisse vor der Enteignung durch Inflation zu schützen. Es gibt dann kein sicheres Wertaufbewahrungsmittel mehr. Wenn es das gäbe, müsste die Regierung seinen Besitz für illegal erklären, wie es im Falle von Gold auch gemacht wurde. Staatsverschuldung ist einfach ein Mechanismus für die versteckte Enteignung von Vermögen. Gold verhindert diesen heimtückischen Prozess. Es beschützt Eigentumsrechte. Wenn man das einmal verstanden hat, ist es nicht mehr schwer zu verstehen, warum die Befürworter des Wohlfahrtsstaates gegen den Goldstandard sind.“
Seit der Währungsreform 1948 in Deutschland, als die D-Mark als ungebundene Papierwährung eingeführt wurde, hat sich der Preisindex für die

Lebenshaltung etwas mehr als verdreieinhalbfacht. In dieser Zeit hat die D-Mark beinahe drei Viertel ihrer ursprünglichen Kaufkraft eingebüßt. Die Inflationsrate, d. h. die Geschwindigkeit, mit der unser Geld immer weniger wert wurde, hat sich im Lauf der Zeit verändert. Zunächst betrug der Preisanstieg in den Jahren bis 1959 nur 1,1 Prozent pro Jahr, in den sechziger Jahren waren es 2,4 Prozent und in den Siebzigern sogar 4,9 Prozent. In den Achtzigern ging der Wert wieder auf 2,9 Prozent zurück, stieg aber in den neunziger Jahren wieder auf über 3 Prozent. Gemessen an den Inflationsrekorden im Deutschland der Jahre 1922/23 sind diese Werte sehr bescheiden. Im Oktober 1923 lag die Inflationsrate bei rund 3.2000 Prozent. In dieser Zeit wurden Löhne nicht monatlich, auch nicht wöchentlich ausbezahlt, sondern zweimal am Tag, da innerhalb weniger Stunden der Geldwert rapide nach unten gestürzt war. So konnte es passieren, dass der Preis eines Abendessens im Restaurant sich zwischen Bestellung und Bezahlung der Rechnung verdoppelt hatte. Der bargeldlose Zahlungsverkehr spielte kaum noch eine Rolle, da angesichts der extremen Preissteigerungen jeder auf schnelle Zahlung in Bargeld bestand, jede Zahlungsverzögerung bewirkte erhebliche Einbußen des Realwertes. Als Folge davon stieg der Bargeldbedarf außerordentlich, die Umlaufgeschwindigkeit des Geldes erhöhte sich extrem und die Notenpressen liefen auf Hochtouren. Dabei hatte Deutschland vor dem ersten Weltkrieg eine solide Goldwährung.

Das Bankgesetz verpflichtete die damalige Reichsbank zur Dritteldeckung: umlaufende Banknoten mussten mindestens zu einem Drittel in Gold gedeckt sein. Mit dem Beginn des ersten Weltkrieges kam mit der so genannten „Notgesetzgebung“ das Ende dieses Währungssystems. Die Bedingungen der Goldwährung wurden aufgehoben und die Reichsbank übernahm in der Folgezeit als „Kriegsbank“ die Kriegsfinanzierung, indem sie dem Reich über Schatzanweisungen Kredit gewährte. Nach dem verlorenen Krieg blieben Deutschland neben den enormen direkten Kriegskosten große finanzielle Belastungen für die Wiedereingliederung der heimkehrenden Soldaten und hohe Entschädigungszahlungen für die Siegermächte. Aus dieser hoffnungslosen Lage befreite sich der Staat durch die Finanzierung der Staatsausgaben durch die Notenpresse. Im Oktober 1923 waren nur noch etwa ein Prozent der Ausgaben des Reiches durch Steuereinnahmen gedeckt. Die Folgen der dadurch ausgelösten Inflation waren verheerend: Die gesamte Produktion war fast zum Erliegen gekommen, vernünftige Kalkulationen waren ohne stabile Grundlage nicht mehr möglich. Während sich der Staat auf diese Weise entschuldete, waren die privaten Anleger Opfer dieser Politik geworden. Vor allem Sparer, die zur Alterssicherung in gutem Glauben Staatsanleihen erworben hatten, standen vor dem Nichts, da der Wert dieser Papiere auf Null gesunken war (24). Die Gedanken Greenspans von vor rund 40 Jahren, zu einer Zeit als er noch nicht Vorsitzender der amerikanischen Notenbank war, haben heute genauso ihre Gültigkeit wie damals. In seinem Amt als Chairman der Federal Reserve (Fed) nutzte Greenspan die Möglichkeiten der Geldschöpfung bis an die äußersten Grenzen. Heute wie damals hat Gold seine Fähigkeit bewahrt, die Eigentumsrechte jedes Einzelnen zu beschützen.

Kapitel 14
Goldverschwörung – Ja oder Nein?

Frank A. J. Veneroso ist in Finanzkreisen, insbesondere unter Goldexperten, kein unbekannter Mann. Nachdem er die Eliteuniversität Harvard mit Auszeichnung verlassen hatte, arbeitete er als Wirtschaftsberater und Investmentstratege für Regierungen, Finanzinstitutionen und Unternehmen rund um den Erdball. Zu seinen Kunden zählten die Weltbank, die Regierungen von Brasilien, Korea, Portugal, die Vereinigten Arabischen Emirate sowie große Konzerne wie beispielsweise der Finanzriese Allianz/Dresdner. In seinem „1998 Gold Book Annual" aus demselben Jahr hat Veneroso ausführliches Zahlenmaterial zusammengetragen, das

die Frage nach einer Goldverschwörung aufkommen ließ.
Verschwörungstheorien gab und gibt es immer wieder, doch Veneroso gehört nicht zu denjenigen, die eine Behauptung ohne Beweise aufstellen. Wenn er annimmt, dass die Notenbanken nicht die volle Wahrheit über die in ihren Tresoren lagernden Goldbestände sagen, so kann er dafür stichhaltige Argumente liefern. Er wirft den offiziellen Stellen – insbesondere den Notenbanken – vor, die Finanzmarktakteure über die tatsächliche Marktlage bei Gold zu täuschen. Dies gelte gerade auch hinsichtlich der von den Notenbanken an den Markt ausgeliehenen Goldbestände, die weitaus höher seien, als in den offiziellen Statistiken ausgewiesen. Wenn sich diese Vorwürfe als zutreffend erweisen würden, hätte dies ungeahnte Auswirkungen auf die Entwicklung des Goldpreises.
Was hat es mit dem ausgeliehenen Gold auf sich und welche Bedeutung hat dieses so genannte Gold-Leasing? Im Grunde genommen ist es eine sehr einfache Idee. Die Notenbanken haben tonnenweise Gold in ihren Tresoren lagern, das Kosten für Lagerung und Versicherung verursacht, aber keine Einnahmen erzeugt: Gold bringt keine Zinsen. Um nun mit dem vielen Gold dennoch Geld verdienen zu können, haben kluge Finanzexperten ein verhältnismäßig einfaches Geschäftsmodell entwickelt. Eine Notenbank verleiht einen Teil ihres Goldes an eine Bullion-Bank, das ist eine Geschäftsbank, die sich auf Goldgeschäfte spezialisiert hat. Nun verfügt diese Bullion-Bank über das Gold der Notenbank für einen bestimmten Zeitraum und zahlt dafür eine Gebühr in Form eines Zinses. Am Ende des vorher bestimmten Ausleihezeitraumes muss die gleiche Menge Gold wieder zurückgegeben werden und in der Zwischenzeit hat die Notenbank für das ursprünglich unproduktiv herumliegende Gold Zinseinnahmen erhalten.
Was aber macht nun eine Bullion-Bank mit dem geliehenen Gold? Lagert sie es ein und hat jetzt ihrerseits nicht nur die Kosten für Lagerung und Versicherung, sondern auch noch die Zinszahlungen an die Notenbank zu tragen? Das wäre ein schlechtes Geschäft. Die Gold-Banken sind ebenso wie alle anderen Banken Vermittler. Sie verdienen daran, dass sie Finanzge-

schäfte vermitteln. Also nehmen sie das Gold und verkaufen es weiter, z. B an die Schmuck-Industrie oder an Investoren und kassieren dafür den entsprechenden aktuellen Goldpreis zuzüglich Provisionen und Spesen. Das eingenommene Geld investieren sie dann in Anleihen und Schatzbriefe. Das Ganze rechnet sich ungefähr folgendermaßen:

Die Bullion-Bank zahlt ein Prozent Zins an die Notenbank während des Ausleihezeitraumes und legt das für den Verkauf des geliehenen Goldes eingenommene Geld mit ca. 5 bis 6 Prozent in festverzinslichen Anleihen an – macht nach Abzug der Transaktionskosten einen Gewinn von 3 bis 4 Prozent. Dieses Geschäftsmodell nennt man Gold-Carry-Trade. Ein schönes Geschäft, das allerdings einen kleinen Haken hat.

Ab dem Zeitpunkt, an dem die Bullion-Bank das geliehene Gold verkauft, steht sie im Risiko.

Sie muss zum vorher bestimmten Zeitpunkt die gleiche Menge Gold, die sie verkauft hat und jetzt nicht mehr besitzt, an die Notenbank zurückgeben. Wenn sich bei der fälligen Rückgabe der Goldpreis auf dem gleichen Niveau befindet wie zu dem Zeitpunkt, als das Gold verkauft wurde, läuft alles problemlos. Die Bullion-Bank kauft am Markt die entsprechende Menge quasi kostenneutral zurück und das Geschäft mit der Notenbank wird glattgestellt. Noch besser stellt sich die Lage dar, wenn in der Zwischenzeit der Goldpreis gesunken ist. Dann kann das Gold günstiger eingekauft werden als man es verkauft hat und neben dem Zinsdifferenzgeschäft realisiert die Bullion-Bank zusätzliche Kursgewinne. Das ist die hohe Kunst des Geldverdienens, die allerdings nicht mehr funktioniert, wenn der Goldpreis steigt. In diesem Fall müsste die Bank für den Rückkauf des gelben Metalls mehr Geld ausgeben, als sie durch den Verkauf eingenommen hat. Dadurch wäre möglicherweise der Gewinn aus dem Zinsdifferenzgeschäft sehr schnell weggeschmolzen und es könnte im Endeffekt sogar zu einem Verlustgeschäft werden – nicht nur für die Bullion-Bank, sondern auch für die Notenbank. Wenn nämlich durch derartige Geschäftspraktiken eine Bullion-Bank zu große Verluste erleidet und in ihrer Existenz gefährdet würde, hätte sehr

wahrscheinlich auch die Notenbank das Nachsehen, da diese keine Aussicht darauf hätte, von einer Pleite gegangenen Bank Zinsen zu erhalten, geschweige denn ihr Gold zurückzubekommen. Aus diesem Grund haben die Notenbanken ein sehr großes Interesse, dass ihre Geschäftspartner – die Gold-Banken – nicht durch zu hohe Goldpreise unter Druck geraten.
Bereits am 17. Mai 2002 legte Frank Veneroso anlässlich des fünften internationalen Goldforums in Lima dar, dass die von den Notenbanken veröffentlichten Zahlen weitaus niedriger sind als der tatsächlich Umfang, in dem Gold-Leasing abgewickelt wird. Sinn und Zweck dieses Verhaltens ist es, die Bedeutung der Goldgeschäfte und die tatsächliche Angebots- und Nachfragesituation zu verschleiern, damit keine größeren Kursschwankungen beim Goldpreis – vor allem nicht nach oben – stattfinden (25). Angesichts eines von Veneroso aufgrund zahlreicher Recherchen errechneten Volumens von bis zu 16.000 Tonnen, die hierbei im Spiel sind, würden selbst kleine Verunsicherungen im Markt riesige Preisbewegungen auslösen können. Die Tatsache, dass besagtes Volumen beinahe die Hälfte der Goldreserven aller Zentralbanken darstellt, lässt die Brisanz solcher Daten erahnen. Wenn nämlich zwischenzeitlich viel mehr Gold verkauft worden ist, als nach außen hin bekannt gegeben wurde und wenn dieses Gold irgendwann in nicht allzu ferner Zukunft wieder beschafft, d. h. zurückgekauft werden muss, kann der Goldpreis nur in eine Richtung laufen: nach oben.
Um einen Goldpreisanstieg zu vermeiden, sollen auch nach Meinung des Goldexperten und ehemaligen Zürcher Bankiers Ferdinand Lips seit Jahren Goldpreismanipulationen durch die Zentralbanken erfolgen. Dass auch er sich auf stichhaltige Fakten berufen kann, zeigt die Geschichte des amerikanischen Anwaltes Reginald Howe. Er verklagte den amerikanischen Notenbankchef Alan Greenspan, die Bank für internationalen Zahlungsausgleich (BIZ) , fünf renommierte Geschäftsbanken – darunter J.P. Morgan Chase – wegen unerlaubter Preisabsprachen im internationalen Goldhandel zur Drückung des Goldpreises (26). Am 3. September 2003 wurde nach intensiver Prüfung durch die amerikanischen Behörden eine Sam-

melklage durch das Bundesgericht von Louisiana zugelassen. Ein privater Investor, ein Goldhändler und ein Goldminenunternehmen klagen gegen J.P. Morgan Chase und gegen die Minengesellschaft Barrick Gold wegen Goldpreismanipulationen (27). Sehr wahrscheinlich werden sich die Prozesse eine ganze Weile hinziehen, aber sehr wahrscheinlich ist es auch, dass in der Zwischenzeit der Goldpreis nicht auf den Ausgang der Verfahren warten wird.

Kapitel 15
Der Preis des Goldes

Gold ist ein gemanagter Markt. Zwar gelten auch bei Gold die Gesetze von Angebot und Nachfrage, aber bedingt dadurch, dass in diesem Markt Notenbanker und Politiker ihre Hände im Spiel haben, gibt es einige Besonderheiten. In den Tresoren der Regierungen und internationalen Institutionen liegen mehr als 32.000 Tonnen. Die größten Goldhalter sind die USA, gefolgt von Deutschland, dem Internationalen Währungsfonds (IWF), Frankreich, Italien und der Schweiz. Nach einer Aufstellung des World Gold Council vom Februar 2003 verteilt sich der Goldbesitz wie folgt:

Land	Goldbestand in Tonnen	Goldbestand in Unzen (in Mio. gerundet, 1 Unze=31,1 Gramm
USA	8149	262
Deutschland	3446	111
IWF (Int. Währungsfonds)	3217	103
Frankreich	3024	97
Italien	2452	79
Schweiz	1888	61
Niederlande	843	27
EZB (Europ. Zentralbank)	767	25
Japan	765	24
China	600	19
Portugal	592	18
Spanien	523	17
Taiwan	422	14
Russland	387	12

Obwohl die Deutsche Bundesbank in ihrem Monatsbericht vom Januar 2003 schrieb, eine zentrale Funktion im internationalen Währungssystem komme Gold nicht mehr zu, könnte in den nächsten Jahren genau das Gegenteil zutreffen. In den neunziger Jahren verunsicherten die großen Zentralbanken der Welt den Goldmarkt, als sie ihn regelmäßig mit Gold überschwemmten, um die Staatskassen zu füllen. Vor allem die heutigen Euroländer waren für niedrige Goldkurse verantwortlich. Aus den elf nationalen Notenbanken sollte eine einzige werden – die Europäische Zentralbank in Frankfurt am Main – und aus vielen Goldschätzen sollte einer werden. Dadurch war das gelbe Metall tonnenweise überflüssig und wurde in den Markt gebracht, der Preis pro Unze sank auf 250 Dollar. Um den Goldpreis nicht weiter zu destabilisieren, haben sich die Bundesbank und 14 weitere europäische Notenbanken 1999 im Washingtoner Goldabkommen verpflichtet, bis September 2004 nur insgesamt 400 Tonnen Gold zu verkaufen.

Ein Nachfolgeabkommen gilt als sicher, liegt es doch im Interesse der Notenbanken, denn mit dem Goldpreis steigt auch der Wert der noch verbliebenen staatlichen Goldschätze.

Von amerikanischer Seite ist mit hoher Sicherheit nicht zu erwarten, dass sie Teile ihres Goldschatzes veräußert und damit möglicherweise den Goldpreis auf Talfahrt schickt. Auf Grund der relativ geringen Papierreserven Amerikas im Gegenwert von ca. 15 Milliarden US-Dollar in Yen und 18 Milliarden US-Dollar in Euro wäre ein Verkauf ökonomisch schwer zu verantworten. Wesentlich bedeutsamer ist das Gold der Amerikaner angesichts ihrer riesigen Handelsbilanzdefizite: für den nicht auszuschließenden Fall einer Zahlungsbilanzkrise der USA würden ihre niedrigen Yen- und Euroreserven nicht einmal ausreichen, um das Handelsbilanzdefizit eines einzigen Monats zu finanzieren. In einer solchen Situation könnten nur noch die offiziellen Goldbestände ein letztes Restvertrauen für den Dollar bewahren (28).

Sollten in der näheren Zukunft die asiatischen Notenbanken US-Dollar verkaufen und Gold kaufen, dürfte man sich auch bei der Bundesbank die dringende Frage stellen, ob nicht eher die amerikanische Währung der kritische Bestandteil der deutschen und europäischen Währungsreserven sind. Es könnte sich langfristig als verheerend herausstellen, wenn die europäischen Zentralbanken der Reihe nach ihre soliden und weltweit akzeptierten Vermögenswerte in Gold verkaufen und in immer wertloser werdendes Papiergeld umtauschen, während zur gleichen Zeit die asiatischen Notenbanken wertvolles Gold anhäufen und die amerikanische und japanische Notenbank durch eine extrem expansive Geldpolitik die Devisen der Deutschen Bundesbank und der Europäischen Zentralbank entwerten.

Auch aus diesem Grund ist anzunehmen, dass die Notenbanken als kursbelastender Faktor für das Gold wegfallen. Sollten bei einer Neuauflage des Washingtoner Goldabkommens ein höheres Verkaufsvolumen, z. B. von 500 Tonnen pro Jahr, vereinbart werden, um von dem gestiegenen Goldpreis die Staatskassen aufzufüllen, dürfte dies dem Goldpreis nicht schaden. Durch Zukäufe anderer Zentralbanken infolge der Dollarschwäche sollte das zusätzliche Angebot mehr als ausgeglichen werden. So hat alleine China zwischen November 2002 und Februar 2003 seine Goldbestände um 20 Prozent, das waren 100 Tonnen, hochgefahren.

Die Goldnachfrage außerhalb des direkten Einfluss-Bereiches der Politik und der Notenbanken wird zum größten Teil von der Nachfrage nach Schmuck-Gold, nämlich 78 Prozent, bestimmt. Vor allem in Süd- und Südostasien ist die Schmuckindustrie größter Abnehmer von Gold. Der wichtigste Absatzmarkt generell ist Indien, wo das Edelmetall als Schmuck und Geldanlage gefragt ist. Die Industrie verarbeitet knapp 9 Prozent und die Zahntechniker verbrauchen gut 2 Prozent des Goldes. Gold als Geldanlage spielt zurzeit (noch) eine relativ geringe Rolle. Mit gut 10 Prozent des Goldbedarfs hat der Investment-Bereich momentan keine allzu große Bedeutung. Dies war nicht immer so. Bis zu den Zeiten vor der großen Aktienspekulation in den neunziger Jahren hatten die renommierten Vermögensverwalter in die Portfolios ihrer wohlhabenden Kunden immer beachtliche Goldanteile zur Vermögensstreuung und Absicherung integriert.

Und gerade dieser Absicherungsgedanke wird es sein, der dem Gold in nächster Zeit wieder zu neuem Glanz verhelfen wird: Steigen die Inflationserwartungen, steigt auch der Goldpreis. Auch wenn sich viele Politiker und Notenbanker im Jahr 2003 mehr Sorgen über Deflation als über Inflation machten, bleibt auf mittlere Sicht ein sehr hohes Inflationsrisiko, denn gerade im Kampf gegen die Deflation ist die Inflation schon angelegt. Um ein Abrutschen in die Deflation zu verhindern, hatte die US-Notenbank mit ihren drastischen Zinssenkungen eine extrem expansive Geldpolitik eingeschlagen und bei Bedarf weitere unkonventionelle Maßnahmen angekündigt. Sollte eine Deflation mit anderen Mittel nicht zu verhindern sein, würde die Fed Staatsanleihen in großem Stil zurückkaufen und den Markt mit Geld überschwemmen. Dies ist ein Patentrezept, um die Inflationsraten und den Goldpreis in die Höhe zu treiben. Das Risiko solcher unkonventioneller Maßnahmen liegt darin, dass nicht vorhersehbar ist, wie die Anleger auf solche massiven Eingriffe der Notenbank reagieren werden und wie weit die Notenbank das Ansteigen der Inflationsraten dann tatsächlich unter Kontrolle hat. Als Gegenreaktion könnte dann ein Extremausschlag in die andere Richtung eine Hyperinflation mit noch viel höheren Goldpreisen die Folge sein.

Aber auch da, wo die Deflation zu Hause ist, spielt Gold eine wichtige Rolle. In Japan sinken die Verbraucherpreise seit über 10 Jahren und Gold findet immer mehr Käufer aus Angst vor einem Abwertungswettlauf der Währungen. Amerika wünscht sich einen schwachen Dollar, um sich elegant zu entschulden und Japan kämpft heftig, dass der Yen zum Dollar nicht zu stark wird. Das hatte bereits im Jahr 2002 dazu geführt, dass die japanischen Privatanleger zu den eifrigsten Goldkäufern zählten.

Außerdem sorgte der reale Geldwertanstieg in der Deflation dafür, dass Schulden eine höhere Last darstellten als zu Inflationszeiten. Daher versuchten Darlehensnehmer, Kredite möglichst schnell zurückzuzahlen und hielten sich trotz niedrigster Zinsen mit der Neuaufnahme von Darlehen stark zurück. Somit wurde die Rolle der Banken als Vermittler zwischen Geldgebern und Geldnehmern unterhöhlt und Zweifel am ohnehin geschwächten Finanzsystem wurden verstärkt: Gold findet selbst in der Deflation mehr Käufer.

Auch Japans Nachbarn, die Chinesen, dürften in Zukunft engagierte Goldkäufer werden. Wenn die Reformen in China wie geplant umgesetzt werden, wird der Goldmarkt vollständig geöffnet und privaten Investoren erstmals der Handel mit dem gelben Metall erlaubt. Sobald Chinas Bürger ihr Geld in Gold stecken dürfen, wird die Nachfrage dort drastisch steigen. Selbst wenn nur 0,1 Prozent der Ersparnisse chinesischer Privatanleger in

Gold angelegt würde, käme man auf fast 90 Tonnen Gold (29). Das erste Interesse, das die Investoren bekundet haben, lässt auf wesentlich höheren Bedarf schließen. Die chinesische Notenbank, welche für die Geldpolitik einer der größten Volkswirtschaften der Welt verantwortlich ist, stellt einen potentiellen Großinvestor dar. Mit gerade einmal 600 Tonnen Gold als Einlage hat das Land China nur 2,4 Prozent seiner Währungsreserven in Gold angelegt und somit einen sehr großen Nachholbedarf. Das könnte ein Turbo für den Goldpreis sein.

Kapitel 16
Der Gold-Boom

Der Anstieg des Goldpreises wird sich erfahrungsgemäß nicht geradlinig entwickeln, sondern mit ausgeprägten Schwankungen einhergehen. Je nachdem, welche kurzfristigen politischen und wirtschaftlichen Ereignisse die Tagespresse beherrschen, wird das Gold-Chart markante Ausreißer nach oben oder unten aufweisen. Sollten sich plötzlich aus irgendwelchen Gründen auf der ganzen Welt Frieden und Wohlstand einstellen, würde Gold schnell zum uninteressanten Investment. Wenn nach Amerika und Europa rasch ein starkes Wirtschaftswachstum zurückkäme und gleichzeitig die Inflationsraten gering blieben, könnte Gold kräftig nach unten wandern. Würden die seit Jahren schwelenden Krisen im Finanzsektor endgültig gelöst und stiege der Kurs des Dollars nachhaltig, würde die Nachfrage nach Gold einbrechen. Mit all diesen positiven und wundersamen Begebenheiten ist aller Voraussicht nach aber in unmittelbarer Zukunft nicht zu rechnen. Stattdessen deuten viele Anzeichen darauf hin, dass die Schlüsselfaktoren für einen langfristigen Goldpreisanstieg sehr stabil sind.

In einer ersten Phase ab dem Jahr 2001 wurde der Anstieg des Goldpreises dem „Dehedging“ zugeschrieben. Darunter versteht man das Auflösen von Absicherungspositionen in Termingeschäften. In den 80er- und 90er-Jahren hatten fast alle großen Goldminenunternehmen ihre Produktion „gehedgt“, d.h. sie hatten aus Angst vor weiter fallenden Goldpreisen ihre künftigen Einnahmen abgesichert, indem sie Gold, das sie noch gar nicht produziert hatten im Voraus auf den Terminmärkten verkauften. Das gab den Minengesellschaften eine halbwegs sichere Grundlage, auf der sie ihr Geschäft planen konnten. Es bedeutete aber auch, dass sie von einem aus welchen Gründen auch immer steigenden Goldpreis nicht mehr profitieren konnten, weil durch diese Vorwärtsverkäufe der Goldpreis bereits auf einem bestimmten Niveau festgelegt war. Diese Absicherungsstrategie erreichte ihren Höhepunkt in den Jahren 1997 bis 1999, den Zeiten, als die Aktienkurse ihre Höchststände hatten. Mit dem Niedergang der Aktien kam ein Trendwechsel in Gang. Im Jahr 2000 war das Hedging erstmals wieder rückläufig, im Jahr 2001 wurde es sehr stark reduziert. Dieser Trendwechsel war ein klares Signal, dass die Goldminen-Betreiber, die es eigentlich am besten wissen müssten, nicht mehr von fallenden, sondern von steigenden Preisen ausgingen. Demzufolge verkauften sie ihre Ware nicht mehr im Voraus und sorgten nun damit ihrerseits dafür, dass der Goldpreis in Bewegung kam.

Die zweite Phase des steigenden Goldes wird geprägt von der Rolle des US-Dollars. Die Schwäche der amerikanischen Währung ab dem Jahr 2002 kam ja nicht aus heiterem Himmel. Das Staatsdefizit und das Außenhandelsdefizit der USA nahmen ab diesem Zeitpunkt unübersehbare und noch nie da gewesene Dimensionen an. Die Vereinigten Staaten waren zum größten

Schuldner der Welt geworden, der täglich auf fast 1,5 Milliarden Dollar frisches Kapital aus dem Ausland angewiesen war. Diese Riesensummen kamen hauptsächlich aus dem asiatischen Wirtschaftsraum – China, Japan, Taiwan, Südkorea, Hongkong. Bei den Notenbanken dieser Länder haben sich Unsummen von Währungsreserven in US-Dollar angehäuft, Goldreserven sind jedoch im Vergleich zu den westlichen Industrienationen in nicht nennenswertem Umfang vorhanden (s. Tabelle i. Kap. „Der Preis des Goldes“). Je schneller sich die amerikanische Politik ihren Kreditverpflichtungen aus dem Außenhandelsdefizit durch eine Abwertung des Dollars entziehen will, umso dringlicher müssen die asiatischen Notenbanken Alternativen für ihre Währungsreserven finden. Dabei kommt der Euro als Ersatz für den Dollar nur zu einem gewissen Teil in Frage, da auch diese Währung keine Garantie für dauernde Stabilität bietet.
Trotz der desolaten Dollarsituation gingen die asiatischen Regierungen und Notenbanken nur sehr zögerlich ans Werk – die in Aussicht gestellten und erwarteten Umschichtungen von Dollar auf Euro ließen auf sich warten. Der im Juli 2003 erschienene Jahresbericht 2002 der Bank für Internationalen Zahlungsaugleich (BIZ) zeigte, dass sich das Wachstum der weltweiten Währungsreserven in US-Dollar im Jahr 2002 fast verdreifacht hatte. Die Dollarreserven waren in konstanten Wechselkursen von 82,9 auf 219,8 Mrd. Dollar gestiegen. Je länger der notwendige Ausgleich und die erforderliche Diversifikation aufgeschoben werden, umso heftiger werden die späteren Korrekturen ausfallen. Deshalb werden die Zentralbanken des asiatischen Wirtschaftsraumes zu den nächsten Großeinkäufern bei Gold gerechnet. Was dann den großen Institutionen recht ist, wird den privaten Anlegern schon lange billig sein. Bereits im Jahr 2002 verdoppelte sich die private Nachfrage nach Anlagegold in Japan. Wenn in China Ende 2003 erstmals seit über 50 Jahren Privatanleger wieder Gold kaufen dürfen, wird damit ein enormer Zusatzbedarf geschaffen.
In Phase drei der Goldhausse wird das Edelmetall als Inflationsschutz und zur Vermögenssicherung heiß begehrt werden. Der Goldpreisanstieg wird

in eine starke Beschleunigungsphase kommen, wenn die zur Bekämpfung der Deflation eingesetzten Mittel der amerikanischen Notenbank die Rückkehr zur gewünschten Inflation gebracht haben und dann weit über das gewünschte Ziel hinausgeschossen sein werden. Um kurzfristigen deflationären Tendenzen entgegenzuwirken, hatten die Federal Reserve und die Bank of Japan das Maß für eine langfristig tragfähige Geldpolitik verloren. Die irrationalen Aktienbewertungen der neunziger Jahre waren letztendlich nichts anderes als eine versteckte Hyperinflation, die von den Verbrauchern nicht bemerkt wurde. Die traditionellen Maße für eine Inflation umfassen hauptsächlich Konsumgüterpreise und Produzentenpreise; Preise für Vermögenswerte, z. B. Aktien, werden durch die klassische Messmethode nicht erfasst. Dadurch ist es möglich, dass sich eine übermäßige Geldvermehrung zunächst nicht in steigenden Preisen für Konsumgüter bemerkbar macht, sondern dass zu Beginn nur Vermögenswerte teurer werden und damit sozusagen eine unsichtbare Inflation entsteht. Dieser Fall trat Ende der neunziger Jahre ein, als Alan Greenspan mit einer extrem expansiven Geldpolitik in der „Neuen Ära" ewiges Wachstum erzeugen wollte. Verstärkt wurde die Geldproduktion noch durch die Sorge der wichtigsten Zentralbanken vor einem Computercrash bei der Umstellung auf das Jahr 2000.
Dabei wurden die Geldhähne voll aufgedreht und der Hyperinflation bei Vermögenswerten freien Lauf gelassen. Um den Schaden zu beheben, griff die Fed zu den gleichen Mitteln, mit denen sie den Schaden angerichtet hatte. Sie pumpte ständig neue Liquidität zu sinkenden Zinsen in das Bankensystem, ohne dass diese Liquidität überhaupt noch genutzt wurde. Damit wurde das bestehende Problem nicht gelöst, sondern verschärft. Das Endergebnis könnte dann in ein bis zwei Jahren eine dann deutlich sichtbare Güterpreisinflation sein (30).
Darüber hinaus zeichnete sich zum Ende des Jahres 2003 ab, dass mit der langen Konjunkturschwäche die Stabilität des Finanzsystems ernsthaft bedroht war. Über internationalen Banken und Versicherungen schwebte ein Damoklesschwert: Konsumenten und Firmen hatten – vor allem in den

USA – immer höhere Schulden angehäuft. Hatten die Finanzinstitute bis zu diesem Zeitpunkt den Abschwung der Weltwirtschaft noch halbwegs gut überstanden, so war auf Grund des ausgebliebenen Aufschwungs keine Rettung in Sicht. Die BIZ, die Notenbank der Notenbanken, hatte bereits in ihrem Jahresbericht 2002 gewarnt: „Eine Phase anhaltender Schwäche oder gar neuerlicher Abschwung könnte die Eigenkapitalpolster, die bislang die Widerstandsfähigkeit der Institute gesichert haben, aufzehren und somit die Institute in Schwierigkeiten bringen." Besonders betroffen wären die Versicherer, deren Eigenkapitalpositionen bereits zu jenem Zeitpunkt ernsthaft geschwächt waren. In Deutschland musste Ende Juni 2003 mit der Mannheimer Lebensversicherung erstmals eine Lebensversicherung von der ein Jahr zuvor gegründeten Auffanggesellschaft des Lebensversicherungsverbandes übernommen werden.

Für die Banken würden sich die Folgen eines nochmaligen Kursverfalls von Aktien zeitverzögert in schlechten Bilanzen offenbaren: langsam, aber sicher würde die Zahl der faulen Kredite steigen. Immer mehr Unternehmen und Konsumenten kämen in Geldnöte und die Verluste der Banken aus Unternehmens- und Privatkrediten würden in die Höhe schießen. Zudem könnten aus Nachwehen der Aktienblase der späten Neunziger weitere Risiken für das Finanzsystem entstehen, da viele Investmentbanken für ihr damaliges Verhalten – geschönte Analysen, Insider-Tipps für Exklusivkunden, Kaufempfehlungen für Schrott-Aktien – im Nachhinein mit Schadensersatzklagen überzogen würden. Durch die immer stärkere Verflechtung der Finanzmärkte und der Unternehmen könnten massive Probleme eines einzigen größeren Instituts oder eines Marktsegmentes zu ausgewachsenen Finanzkrisen führen, welche die Anleger Zuflucht bei Gold suchen lassen.

Das Angebot an Gold ist jedoch beschränkt. In den 80er- und 90er- Jahren schlossen zahlreiche Goldminen, weil sich die Förderung bei Kursen unter 300 Dollar pro Unze nicht rechnete. Dadurch ist die heutige Fördermenge auf etwa 2.500 Tonnen pro Jahr begrenzt, hinzu kommen rund 500 Tonnen

Gold, das durch Recycling wiedergewonnen wird. Der Gesamtbedarf von etwa 4.000 Tonnen pro Jahr kann bereits heute nicht mehr durch die laufende Produktion gedeckt werden. Um eine steigende Goldnachfrage zu befriedigen, kann man nicht wie beim Öl die Hähne einfach weiter aufdrehen oder wie beim Papiergeld die Notenpresse schneller laufen lassen, sondern es dauert Jahre, bis neue Goldminen erschlossen sind, die Förderbänder laufen und das Angebot dauerhaft ausgebaut ist. Für eine nachhaltige Ausweitung der Produktion braucht man etwa fünf bis sieben Jahre. In der Zwischenzeit ist Gold bei steigender Nachfrage ein immer knapper werdendes Gut. Selbst wenn die Deutsche Bundesbank ihre gesamten Goldreserven von über 3.400 Tonnen in den Markt geben würde, müssten sich statistisch betrachtet alle Bewohner der Bundesrepublik Deutschland im Falle einer Geldpanik die rund 111 Millionen Unzen teilen. Bei grob gerechnet 80 Millionen Einwohnern würde jeder nur etwa 1,4 Unzen, das sind nicht einmal 44 Gramm Gold, kaufen können. Ähnlich ist die Situation in den anderen Ländern mit großen Goldreserven. Weltweit gesehen lag die private Nachfrage nach Gold im Jahr 2002 bei annähernd 0,7 Gramm pro Person, in den USA war sie bereits doppelt so hoch – bei 1,42 Gramm. Einige Amerikaner planen also schon für den Ernstfall und gehen auf Nummer sicher, denn Zeit ist ein wesentlicher Faktor: wer zu spät kommt, den bestraft die Inflation; wer rechtzeitig investiert, wird stattliche Gewinne erzielen.

Kapitel 17
Das bestgehütete Goldgeheimnis

Im Goldmarkt ist es genauso wie in anderen Bereichen der Finanzwelt: Es gibt Käufer und Verkäufer. Ohne diese beiden unterschiedlichen Parteien kommt kein Geschäft zustande. Goldkäufer oder Aktienkäufer gehen von steigenden Kursen aus, die Verkäufer erwarten Kursrückgänge. Wenn einer gewinnt, verliert automatisch der andere – somit ist ein Handel immer ein Null-Summen-Spiel. Sowohl bei Käufern als auch bei Verkäufern gibt es zwei Gruppen – die Privatanleger und die institutionellen Anleger, z. B. Banken, Investmentgesellschaften, Versicherungen. Ein Privatanleger wirtschaftet mit seinem eigenen Geld, während die institutionellen Anleger die Gelder

von vielen anderen Privatanlegern verwalten oder Eigengeschäfte tätigen.
Es liegt in der Natur des Geschäftemachens, dass jede Seite zu den Gewinnern zählen möchte, obwohl in der Theorie jeder nur eine 50 : 50 Chance hat. In der Praxis haben jedoch die Privatanleger meistens schlechtere Karten und stehen auf der Verliererseite. Es scheint wie ein Kampf von vielen kleinen Davids gegen einige wenige institutionelle Goliaths, die in schweren Rüstungen und starken Waffen die Investmentmärkte beherrschen.
Immer wieder treiben die Profis Aktien oder Gold mit Leerverkäufen nach unten, wenn die Kleinanleger kaufen. Schließlich geben die Kleinen entnervt auf, wenn die Kurse entsprechend tief gefallen sind, so dass die Großen ihre leerverkauften Titel günstig zurückkaufen können und entsprechende Gewinne realisieren.
Der Grund für dieses immer wieder gleiche Spiel ist die Überlegenheit der Profis: sie haben Zugang zu billigerem Kapital und zu größeren Kapitalmengen; sie haben mehr Erfahrung und bessere Informationen.
Allerdings sind die Goliaths nicht unbesiegbar und sie wissen das auch. Sie können nämlich nur dann gewinnen, wenn die Kleinen das Spiel nach den Regeln der Großen mitspielen. Genauso wie der biblische David gegen den Riesen verloren hätte, wenn er sich mit schwerer Rüstung und großem Schwert in den Kampf begeben hätte, verlieren die Privatanleger, wenn sie mit den gleichen Mitteln arbeiten wie die Profis. Sobald sie jedoch eine andere Strategie wählen und eine bessere Taktik einsetzen, können sie im Spiel mit den Großen gewinnen. Wenn sie einige wichtige Grundregeln befolgen, können sie ihre Vorteile nutzen und erfolgreich gegen die Riesen antreten.
Die wichtigste Regel, die für alle Märkte gilt, ist das Gesetz von Angebot und Nachfrage.
Auch wenn Politiker und Notenbanker ihre Hände im Spiel haben, kann dieses Grundgesetz für den Goldmarkt nicht vollständig außer Kraft gesetzt werden. Jährlich werden rund 2.500 Tonnen Gold gewonnen, etwa 500 Tonnen werden zusätzlich durch Recycling wiederverwendbar gemacht. Der Gesamtbedarf liegt jedoch schon seit Jahren bei ungefähr 4.000 Tonnen. Die

fehlenden 1.000 Tonnen wurden bisher aus Verkäufen der Zentralbanken und Großbanken, die Gold besitzen, gedeckt. Aufgrund der zu erwartenden steigenden Nachfrage und der Tatsache, dass die Zentralbanken als Goldverkäufer eher ausscheiden werden (s. Kap. Der Preis des Goldes), ist anzunehmen, dass wie bei allen anderen Wirtschaftsgütern, bei denen ein Nachfrageüberhang besteht, auch bei Gold der Preis auf mittlere und längere Sicht steigen muss.
Die zweite wichtige Regel betrifft den Faktor Zeit. Im Kurzfristbereich haben Privatanleger gegen professionelle Trader keine echte Chance. Wer in Zeiträumen von zwei bis drei Monaten – oder noch kürzer – erfolgreiche Geschäfte tätigen will, braucht sehr viel Erfahrung und beste Informationen. Auch im Mittelfristbereich ist es für die Privaten sehr schwer, sich richtig zu positionieren. Im Gegensatz dazu ist es verhältnismäßig leicht festzustellen, ob sich ein Markt hauptsächlich in einem Aufwärtstrend oder in einem Abwärtstrend befindet. Man muss kein Profi sein, um anhand eines Chart festzustellen, woher der Wind weht, wenn man längere Zeiträume betrachtet. Den übergeordneten Haupttrend erkennt man in der Regel deutlich, wenn man sich einige Male mit den Charts der betreffenden Märkte befasst hat. Im Internet gibt es eine Reihe von informativen und nützlichen Seiten, die sehr schnell Aufschluss über kurz-, mittel- und längerfristige Trends geben. Wenn man wie beim Gold einen längerfristigen Aufwärtstrend erkennen kann, sollte man sich nicht von kurz- oder mittelfristigen Prognosen oder Marktmeinungen irritieren lassen.
An dritter Stelle spielt beim Gold ein weiterer Aspekt eine bedeutende Rolle – „Leerverkäufe", auch Short Selling genannt. Das ist eine typische Strategie der Profis, gegen die Privatanleger so gut wie immer den Kürzeren ziehen. Short Selling heißt, man verkauft etwas – zum Beispiel Gold, was man gar nicht besitzt, in der Hoffnung, es später zu einem günstigeren Preis zurückkaufen zu können. Man möchte von fallenden Kursen beim Gold profitieren. Ein solcher Verkaufsvorgang funktioniert in der Form, dass sich institutionelle Anleger Gold von einer Bank gegen eine Gebühr für einen be-

stimmten Zeitraum leihen. Dieses geliehene Gold verkauft man dann in der Erwartung oder Hoffnung, dass der Goldpreis während des Ausleihzeitraumes fällt. Vor Ablauf der Ausleihfrist kauft man dann das Gold zu einem niedrigeren Kurs, gibt es der Bank zurück und hat nach Abzug der Leihgebühr einen Gewinn erwirtschaftet. Diese Art von Geschäften ist natürlich sehr riskant, denn sollte der Goldpreis während des Ausleihzeitraumes nicht wie erwartet fallen , sondern steigen, muss man schleunigst seine Position schließen und versuchen, mit möglichst wenig Verlust auszusteigen.
Beim Short Selling wird durch diese so genannten Leerverkäufe der Preis des Goldes massiv nach unten gedrückt, da bei den Profis immer riesige Geldsummen im Spiel sind. Gleichzeitig wollen diese Goliaths in Wirklichkeit das Gold gar nicht physisch besitzen, sondern sie wollen nur den Markt manipulieren und Papiergewinne erzielen. Dieses Spiel kann nur von den Großen erfolgreich gespielt werden, solange die Geschäfte ausschließlich auf dem Papier ablaufen. Sobald das echte Metall ge- und verkauft wird, funktioniert dieses Geschäftsmodell nicht mehr. Der Privatanleger kann sich das Wissen um die Leerverkäufe zunutze machen – nicht indem er ebenfalls in solche Geschäfte einsteigt, sondern indem er genau das Gegenteil davon tut. Er kauft sich echtes physisches Gold und besitzt es damit wirklich. Dieses Gold, das in seinem privaten Besitz ist, kann nicht mehr von Banken verliehen werden. Dadurch dass er den Banken die Verleihmöglichkeit entzieht, verhindert er, dass Leerverkäufer mit geliehener Ware den Preis seines Goldes drücken können. Somit sind wir wieder bei Grundregel Nr. 1 angelangt: Angebot und Nachfrage. Wenn echtes Gold gekauft wird, steigt die Nachfrage und mit dem echten Kauf verringert sich gleichzeitig das Angebot. Auf diese Weise wird den Spekulanten die Grundlage für ihr Geschäft entzogen. Dies ist das bestgehütete Goldgeheimnis.
Als Privatanleger kann man Gewinne mit Gold erzielen, wenn man sich seiner Sache sicher ist und sich nicht von den durch die Spekulanten verursachten Preisschwankungen irritieren lässt. Im Goldmarkt sind stärkere Kursausschläge eher die Regel als die Ausnahme. Wer echtes Gold in Form

von Barren oder Münzen besitzt, steht nicht unter Druck wie die Leerverkäufer, die in kurzen Zeiträumen von wenigen Wochen oder Monaten agieren müssen. Solange man auf den langfristigen Charts erkennen kann, dass der Haupttrend in die gewünschte Richtung zeigt, braucht man sich nicht aus der Ruhe bringen zu lassen.

Kapitel 18
Gold in Händen

Abgesehen von Kunstwerken, Schmuck, Königskronen und Zahnkronen glänzt Gold von seiner schönsten Seite in Form von Münzen. Sie können auch einem sehr rational eingestellten Investor etwas von der Faszination des Goldes vermitteln, die man dem gelben Metall zu Recht nachsagt. Wer zum ersten Mal ein echtes Nugget – so heißt die australische Goldmünze mit dem Känguruh – in Händen hält, das Gewicht von reinem Gold spürt und den warmen Glanz genießt, der begreift im wahrsten Sinne des Wortes, warum die Menschen schon immer in den Bann des Goldes gezogen wurden.

Jahrhundertelang wurden Goldmünzen als Zahlungsmittel verwendet, wobei der Materialwert in etwa dem aufgeprägten Nennwert entsprach. In Zeiten, in denen der Metallwert den Nennwert übertraf, wurden solche Münzen aus dem Geldkreislauf herausgenommen, um sie entweder zum tatsächlichen Materialwert zu verkaufen oder um sie zur Vermögensanlage zu verwenden.

Heute unterscheidet man zwischen Anlagemünzen und Sammlermünzen. Bei Sammlermünzen ist der Materialwert zweitrangig; sie werden vorrangig nach Merkmalen bewertet, wie andere Sammelobjekte, z.B. Briefmarken. Die im Moment sehr populären DM- und Euro-Goldmünzen gehören zur Klasse der Sammlermünzen. Ihr Ausgabepreis wurde zum aktuellen Goldpreis vorgenommen, ihre einmalige Auflage und die verhältnismäßig geringe Stückzahl verursachen jedoch einen Aufpreis, der sehr weit über dem Materialwert liegt.

Für Anlagezwecke kauft man so genannte „Bullion Coins", was auf Deutsch „Barrenmünze" bedeutet. Der Begriff ist auf den ersten Blick etwas irreführend, da es sich hierbei tatsächlich um echte, runde Münzen handelt und nicht um eine irgendwie gestaltete Barrenform. Die Bezeichnung Bullion Coin rührt vielmehr daher, dass sie die Vorteile von Münzen und Barren vereinen. Sie werden in großer Anzahl hergestellt und waren im Unterschied zu kuranten Münzen, deren Gehalt an Edelmetall ihrem wirklichen Geldwert entspricht und die früher als Zahlungsmittel dienten, nie als Zahlungsmittel in Umlauf. Ihr Aufpreis für die Prägung ist gering, ihr Verkaufspreis richtet sich nach dem Edelmetallkurs und die Münzen werden weltweit gehandelt. Sie haben eine Feinheit von über 900, damit wird der Anteil des reinen Edelmetalls am Gesamtgewicht in Tausendstel angegeben. Die höchste Feinheit haben die australischen Nuggets mit 999,9 und sind somit praktisch reinstes Gold. Weitere bekannte und weitverbreitete Anlagemünzen sind der südafrikanische Krügerrand, der kanadische Maple Leaf, der American Eagle, der chinesische Panda, die englische Britannia, der mexikanische Libertad und die Wiener Philharmoniker.

Die Anlagemünzen werden meistens in verschiedenen Größen angeboten und können in Deutschland bei fast allen Banken und Sparkassen gekauft werden, sofern sie vorrätig sind.
Nicht bevorratete Münzen können in der Regel innerhalb weniger Tage beschafft werden.
Die Preise der Münzen schwanken täglich und sind vom Tagespreis des Edelmetalls abhängig. Im Vergleich zum Preis von Barren sind Münzen etwas teurer wegen ihrer Prägung und hochwertigen Verarbeitung. Sowohl bei Münzen als auch bei Barren gibt es einen Aufpreis, mit dem die Verkaufsstelle ihren Handel finanziert und der mit dem Ausgabeaufschlag bei Investmentfonds vergleichbar ist. Beim Kauf von physischem Gold hat man also immer zwei verschiedene Preise zu beachten: den Ankaufpreis und den Verkaufspreis. Der Verkaufspreis ist der Betrag, den man als Goldkäufer bezahlen muss, der Ankaufpreis ist das, was einem die Bank zahlt, wenn man sein Gold wieder zurückgibt. Der Unterschied zwischen Ankauf- und Verkaufspreis, der so genannte „Spread“, liegt bei einer Münze von 1 Unze (1/1 oz) bei rund 10 Prozent, bei einer Münze von ½ Unze (1/2 oz) bei etwa 12 Prozent. Je kleiner die Stückelung, desto größer ist der Spread, der bei einer Zehntel Münze bis zu 22 Prozent betragen kann. Die gleiche Regel gilt nicht nur für den Spread, sondern auch für die Münzen selbst: für kleinere Stücke zahlt man einen höheren Goldpreis als für größere. Der Preisunterschied beim Kauf einer Münze von 1 Unze und dem Kauf von zwei Münzen zu je ½ Unze beträgt ungefähr 5 Prozent, d. h. man bekommt größere Münzen in Bezug auf den Goldgehalt günstiger als kleine. Gängige Münzgrößen sind 1 Unze, ½ Unze, ¼ Unze, 1/10 Unze.
Bevor man Goldmünzen kauft, sollte man in jedem Fall bei unterschiedlichen Banken oder Sparkassen Preisvergleiche vornehmen, da Schwankungen von bis zu 10% keine Seltenheit darstellen. Sobald man in etwas interessantere Größenordnungen beim Anlagevolumen kommt, lassen die Institute sehr oft mit sich über den Preis verhandeln. Bei Kauforders ab 10 bis 15 Unzen ist es durchaus realistisch, dass die Geldinstitute den Spread

spürbar verringern. Bei noch größeren Aufträgen ist sogar mehr als eine Halbierung des Spread möglich, was bedeutet, dass man die Münzen – je nach Größe – um 5 bis 10 Prozent günstiger einkauft. Sehr erfreulich ist, dass der Erwerb von Goldmünzen seit 1. Januar 1993 steuerfrei ist.

Um sich einen ersten Eindruck von der Schönheit von Goldmünzen und der Vielfalt des Angebotes zu verschaffen, stellen die Sparkassen und viele Banken anschauliche Prospekte und Infomaterial kostenlos zur Verfügung. Orientierung für die tagesaktuellen Kurse findet man auf der Homepage der Dresdner Bank, die in Deutschland mit die besten Angebote unterbreitet – zumindest kann man diese Informationen als Ausgangsbasis für weitere Abfragen nutzen, auch wenn nicht alle Münzen-Motive und Stückelungen aufgeführt sind.

Als Alternative zu Anlagemünzen bietet sich der Erwerb von echtem, physischen Gold in Form von Barren an. Barrengold ist im Vergleich zu Münzen etwas günstiger, da der aufwändige Prägevorgang entfällt. Als Stückelung erhält man gängige Größen von 1 Gramm,

10 und 100 Gramm bis zu 1 Kilo-Barren, die man genau wie Münzen steuerfrei erwerben kann. Wer den Goldkauf rein nach Renditeaspekten tätigen will und der Faszination von Münzen nicht erliegt, findet in Barren das richtige Investment. Ganz gleich ob man sich für Barren oder Münzen entscheidet, man erwirbt einen soliden Goldschatz, den man für eine geringe Jahresgebühr sicher im Bankschließfach aufbewahren kann und dessen Wert die Zeit überdauert. Schon vor über 200 Jahren sagte der französische Schriftsteller und Philosoph Voltaire: „Papiergeld kehrt früher oder später zu seinem inneren Wert zurück – Null.“

Kapitel 19
Goldminenaktien

Bei steigenden Goldpreisen profitieren die Produzenten von Gold, die Goldminengesellschaften, in besonderem Maße daran. Um als privater Investor überdurchschnittlich mitzuverdienen, muss man keine ganze Goldmine kaufen, es reicht ja auch, wenn man Anteile an Goldminen erwirbt. In den vier Hauptförderländern Australien, Kanada, Südafrika und USA gibt es eine Vielzahl börsennotierter Gesellschaften, die für ein Investment in Frage kommen. Bei der Auswahl einzelner Gold-Titel für das private Portfolio sind jedoch andere Aspekte zu berücksichtigen als bei der Bewertung der Aktien aus anderen Branchen.

Der Unterschied zwischen den Goldminen und Unternehmen aus anderen Wirtschaftsbereichen liegt beispielsweise darin, dass alle Goldproduzenten ein einheitliches, homogenes Produkt herstellen, nämlich Gold. Weil es eine Vielzahl von Produzenten mit einem identischen Produkt gibt, ist es einem einzelnen Anbieter nicht möglich, einen höheren Goldpreis durchzusetzen. Im Vergleich zu Industriewerten spielen die Marktstellung, das Produkt-Portfolio oder die Produkt-Pipeline für das Anlageurteil keine entscheidende Rolle. Auch die bei Standardaktien gebräuchlichen Bewertungsverfahren wie Gewinnwachstum oder Kurs-Gewinn-Verhältnis (KGV) greifen nur wenig bei der Beurteilung der Goldproduzenten, da der Unternehmenswert weniger aus der laufenden Gewinnentwicklung, als vielmehr aus der Bewertung der Goldreserven hergeleitet wird. Wichtige Kriterien, die bei der Beurteilung von Goldminenaktien eine Rolle spielen, sind unter anderen der Net Asset Value (NAV), das Hedge-Book und der Optionswert (31).

Der Net Asset Value stellt den Wert der gesamten Reserven eines Unternehmens dar. Die Net-Asset-Prämie bezeichnet das Verhältnis von Marktkapitalisierung zum Wert der kompletten Reserven. Dieses Verhältnis gibt an, ob für den Gesamtgewinn einer Minengesellschaft, der beim Abbau aller Reserven entsteht, am Markt ein Aufschlag oder Abschlag bezahlt wird. Der künftige Gesamtgewinn errechnet sich aus der Differenz von Umsatzerlösen, hochgerechnet mit dem aktuellen Goldpreis und Produktionskosten der jeweiligen Gesellschaft.

Für die Nettowertberechnung der Reserven dürfen nur „ungehedgte“ Reserven berücksichtigt werden, da die restlichen Reserven ja bereits vorab verkauft wurden (s. Kapitel „Der Boom“). Aus dem Hedge-Book ist ersichtlich, welche Absicherungs-Instrumente eingesetzt wurden und welche Art der Lieferverpflichtungen die Goldproduzenten eingegangen sind.

Mit dem Optionswert kann man auch Gesellschaften vernünftig bewerten, wenn sie beim aktuellen Goldpreis noch nicht profitabel sind. Dabei werden die gesamten ungehedgten Goldreserven eines Produzenten als Kaufoptionen auf Gold mit einer unterschiedlichen Restlaufzeit betrachtet. Die geplanten Produktionskapazitäten werden in die Zukunft fortgeschrieben, bis die zurzeit festgestellten Goldreserven erschöpft sind und daraus wird der Gesamtoptionswert einer Goldminengesellschaft errechnet.

Die Goldminen mit den größten ungehedgten Reserven und gleichzeitig die bekanntesten Produzenten sind in Nordamerika Newmont Mining, Barrick Gold und Placer Dome, in Südafrika Gold Fields, Anglo Gold und Harmony Gold Mining, in Australien Newcrest Mining und Lihir Gold. Die Aktien der Minengesellschaften werden mit den größten Stückzahlen an den jeweiligen Heimatbörsen gehandelt, die großen Gesellschaften sind auch an den deutschen Börsenplätzen gelistet. Da das Interesse an Minentiteln nach 20 Jahren Goldbaisse hierzulande noch relativ gering ist, kommen keine großen Handelsvolumina zustande. Es empfiehlt sich daher beim Kauf und Verkauf unbedingt mit Limits zu arbeiten.

Bei Investitionen in Goldaktien sind Kursschwankungen von 10 Prozent und mehr pro Handelstag keine Seltenheit und müssen vor Kauf eines Titels einkalkuliert werden, damit man die Freude an seinem Engagement nicht allzu schnell verliert.

Neben den Originalaktien der Unternehmen werden auch so genannte ADR-Aktien (American Depository Receipts) gehandelt. ADRs sind meist auf US-Dollar lautende, handelbare Hinterlegungsscheine, die das Eigentum an Aktien von Nicht-US-Gesellschaften verbriefen. Die Originalaktien besitzt eine US-Bank, die lediglich eine wertlose Bescheinigung, nämlich die ADR-Aktie, herausgibt. Mit dem Kauf einer ADR-Aktie geht der Investor ein doppeltes Risiko ein. Zum einen ist er am Wohl und Wehe der Goldmine beteiligt, zum anderen ist er von der US-Bank abhängig. Geht die Bank in Konkurs, was nicht nur in Argentinien oder Japan passieren kann, könnte sich ein Problem auftun. Aus diesem Grund sollte man beim Kauf von Goldminenanteilen die Originalaktien bevorzugen.

Kapitel 20
Goldminen im Paket

Der Gedanke, bei steigenden Goldpreisen auch an steigenden Aktienkursen der Goldproduzenten mitzuverdienen ist für viele Investoren verlockend. Allerdings ist die Einschätzung der Chancen und Risiken von Investitionen in einzelne Gesellschaften für diejenigen Anleger, die sich noch nicht sehr intensiv damit beschäftigt haben, alles andere als leicht. Umso hilfreicher ist es daher, das Spezialwissen und die Erfahrung von Fachleuten in Anspruch nehmen zu können, um die Risiken eines Fehlgriffes zu vermeiden. Mit Investmentfonds reduziert man nicht nur die Gefahr, ausgerechnet die Aktie ins Depot zu legen, die gerade nicht zu den

Top-Performern zählt. Die Verteilung des eingesetzten Kapitals auf eine größere Zahl von Titeln, die von Experten ausgewählt wurden, verringert im Allgemeinen auch die tägliche Schwankungsbreite des Aktienkapitals.

Obwohl Goldminenfonds in den letzten Jahren eine sehr gute Wertentwicklung vorweisen konnten, haben noch nicht sehr viele Anleger diese Investment-Idee aufgegriffen. Dies wird sich sicherlich mit weiter steigenden Goldnotierungen ändern. Attraktiv sind Goldminenfonds insbesondere durch verhältnismäßig günstige Transaktionskosten, wenn man die Besonderheiten von Goldminenaktien berücksichtigt. Die meisten börsengehandelten Minen sind an außereuropäischen Plätzen notiert.

Die Gebühren für Käufe und Verkäufe an den Börsen in Johannesburg, Sydney oder Toronto, den Haupthandelsplätzen für Minenaktien, sind überdurchschnittlich hoch. Bei der Kursstellung der einzelnen Aktien kann die Geld-Brief-Spanne auch bei liquideren Gesellschaften 5 bis 10 Prozent betragen. Viele aussichtsreiche Minenaktien haben außerdem eine unterdurchschnittliche Liquidität, was dazu führen kann, dass man eine Einzelposition nicht zu jedem Zeitpunkt und schon gar nicht immer zum erwarteten Marktpreis veräußern kann. Demgegenüber können Fondsanteile täglich zu fairen Marktpreisen zurückgegeben werden.

Die Antwort auf die Frage, welcher der am Markt angebotenen Fonds für welchen Anleger geeignet ist, hängt von mehreren Faktoren ab. Bei der Managementphilosophie und der Titelauswahl der Goldminenfonds gibt es verschiedene Ansätze und teilweise erhebliche Unterschiede. Nicht immer sind die Fonds mit dem größten Anlagevolumen auch diejenigen, welche die größte Anzahl von Goldminenaktien in ihrem Vermögen haben. Außerdem hat die Anzahl der in den Fonds gehaltenen Aktien keinen unmittelbaren Einfluss auf die Wertentwicklung.

Die Fondsvolumina der größten Goldminenfonds liegen im Bereich von 60 Millionen Euro, mittlere Größenordnungen bewegen sich zwischen 20 und 30 Millionen. Die größten Goldminenfonds sind der Merrill Lynch World Gold Fund, der DWS Goldminenaktien Typ 0 und der Swissca Gold mit einem Volumen von jeweils rund 60 Millionen Euro. Mittlere Fonds sind der Capital Invest Gold Stock, der AIG Equity Fund Gold und der PEH Q Goldmines. Im Zuge des weiteren Goldpreisanstieges wird sicherlich eine Anzahl neuer Fonds aufgelegt werden, die dann am Anfang mit deutlich weniger Kapital ausgestattet sein werden. Die Fondsgesellschaften diversifizieren ihre Portfolios meist mit rund 40 bis 50 Titeln. Manche Fonds haben mit 20 bis 30 Einzelwerten eine deutlich geringere Streuung.

Ein weiteres Unterscheidungsmerkmal der Fonds ist die Bildung von Anlageschwerpunkten nach Produktionsländern. Einige Fonds gewichten beispielsweise australische Minenaktien mit bis zu 40 Prozent sehr hoch, während andere dieselbe Region nur mit 5 Prozent berücksichtigen. Auch kanadische Minen werden sehr unterschiedlich bevorzugt, während südafrikanische Produzenten eine verhältnismäßig konstante Verteilung zwischen 20 und 30 Prozent haben.

Wie bei den Fonds in anderen Branchen gibt es auch bei den Fonds im Goldminenbereich unterschiedliche Kostenstrukturen. Die meisten der zurzeit angebotenen Investmentfonds erheben einen einmaligen Ausgabeaufschlag und verzichten dafür auf eine erfolgsabhängige Vergütung. Fast alle Fondsgesellschaften erheben keine Rücknahmegebühr. Dadurch relativieren sich die Kosten des Ausgabeaufschlages im Vergleich zu den Transaktionskosten bei Direktinvestitionen, da bei Einzelaktien immer Kosten beim Kauf und beim Verkauf entstehen.

In einem Spezialbereich wie dem Goldmarkt, ist es sinnvoll, wenn Anleger nicht selbst herumexperimentieren, sondern über Investmentfonds das Know-how und die Möglichkeiten der Fachleute nutzen. Dennoch muss man sich darüber im Klaren sein, dass der Einsatz von Fonds nicht alle Risiken ausschaltet. Extreme Kursschwankungen, wie sie bei Einzelaktien vorkommen, können zwar abgemildert, aber nicht vollständig verhindert werden. Wenn Goldminenaktien und demzufolge auch Investmentfondsanteile bei steigendem Goldpreis oft stärker anziehen als das Gold selbst, so verlieren sie allerdings auch deutlicher an Wert, wenn der Goldpreis fällt. In den letzten Jahren gab es Phasen, in denen das physische Gold für einige Wochen 10 Prozent an Wert verlor, während in der gleichen Zeit Goldminenfonds über 30 Prozent ihres Wertes einbüßten. Wer sich über die Investition in Unternehmen der Goldproduzenten größere Gewinnchancen als beim physischen Gold ausrechnet, sollte dennoch nicht zu viel auf eine Karte setzen und sich vor dem Einstieg prüfen, ob er/sie auch negative Entwicklungen finanziell und psychisch verkraften kann.

Kapitel 21
Zertifikate

In den letzten Jahren ist unter dem Bergriff „Zertifikate“ eine Reihe von Finanzprodukten am Markt erschienen, die auch im Goldsektor Einzug gehalten haben. Bei Zertifikaten handelt es sich um Wertpapiere, die dem Anleger die Teilnahme an der Kursentwicklung anderer Wertpapiere und Finanzprodukte verbriefen und an der Börse gehandelt werden.
Die beiden Grundkategorien der börslichen Wertpapiere – Aktien und Anleihen – dienen in erster Linie der Finanzierung ihrer Emittenten. Dabei verbrieft die Aktie einen Anteil am Stammkapital eines Unternehmens. Der Aktienerwerber kauft einen Anteil am Unternehmen und ist somit Mitei-

gentümer. Er besitzt Rechte wie die Stimmabgabe in der Hauptversammlung oder den Anspruch einer Gewinnbeteiligung. Das Gegenstück zu Aktien sind Anleihen: mit dem Kauf einer Unternehmensanleihe wird man nicht Miteigentümer, sondern Gläubiger des Unternehmens. Der Käufer einer Anleihe gewährt dem Unternehmen einen Kredit. Der Anleihen-Käufer hat kein Stimmrecht und ist auch nicht direkt am Gewinn des Unternehmens beteiligt. Stattdessen erhält er in bestimmten Zeitabständen, meist halbjährlich oder jährlich, eine im Regelfall vordefinierte Zinszahlung. Anleihen haben eine festgelegte Laufzeit, an deren Ende der ausgeliehene Betrag dem Anleger zurückgezahlt wird.

Zertifikate sind vom Grundsatz her Anleihen, was zunächst etwas verwirrend erscheinen mag, wenn von Zertifikaten auf den DAX oder auf Goldminenaktien die Rede ist. Der Anleihecharakter wird allerdings schnell ersichtlich, wenn man sich vor Augen führt, wie Zertifikate funktionieren: man kauft ein Zertifikat von einer Bank für einen bestimmten Geldbetrag, zu einem späteren Zeitpunkt möchte man es für hoffentlich mehr Geld an die Bank zurückgeben. In der Zwischenzeit kann die Bank mit dem erhaltenen Geld wirtschaften, aber dieses Geld ist kein permanentes Eigenkapital, wie es durch eine Aktie verbrieft wird, sondern die Bank muss später eine Rückzahlung leisten. Zertifikate haben auch nicht in erster Linie die Funktion einer klassischen Anleihe, nämlich Mittel zur Unternehmensfinanzierung bereitzustellen, sondern sie werden zugeschnitten auf Wünsche und Bedürfnisse von Anlegern, die durch den Kauf von Zertifikaten den herausgebenden Instituten Erträge bringen sollen.

Neben Zertifikaten auf Indizes wie den DAX sind in jüngerer Zeit vor allem so genannte Basket-Zertifikate auf den Markt gekommen. Diesen Basket-Zertifikaten liegt ein speziell für diese Papiere zusammengestellter „Aktienkorb" zugrunde. Die in einem derartigen Basket enthaltenen Aktien – oft zwischen zehn und zwanzig Titel – haben in der Regel einen übergeordneten Bezug zueinander, beispielsweise die Tatsache, dass es Goldproduzenten sind. Auf diese Weise lassen sich wie bei Investmentfonds Anlage-

schwerpunkte bilden und gleichzeitig wird eine ausreichende Diversifikation gewährleistet. Warum sollte man dann nicht gleich bei Fonds bleiben und welchen Sinn machen Zertifikate?
Das Hauptargument der Zertifikate-Befürworter ist die Kostenstruktur. Während fast alle Investmentfonds im Goldsektor Ausgabeaufschläge von bis zu 5 Prozent verlangen, fallen diese Kosten bei Zertifikaten nicht an. In Verbindung mit den bei allen Gold-Fonds anfallenden Verwaltungsgebühren von rund 1,25 Prozent ergibt dies einen Kostenblock von über 6 Prozent, den sich viele Anleger gerne sparen. Ein weiterer Trumpf für Zertifikate ist die höhere Flexibilität bei der Handelbarkeit. Zwar sind alle Investmentfonds täglich handelbar, für die meisten wird jedoch nur einmal pro Tag ein Kurs gestellt. Bei Zertifikaten erfolgt in der Regel eine permanente Kursstellung mit aktuellen Geld- und Briefkursen. Ein ursprünglicher Nachteil der Zertifikate – die aus der Eigenschaft als Anleihe resultierende begrenzte Laufzeit – wurde inzwischen von den bedeutenden Anbietern aufgehoben. Im August 2000 hat ABN Amro, ein führender Zertifikate-Anbieter, das erste Papier mit unbegrenzter Laufzeit auf den Markt gebracht.
Seither bieten auch andere namhafte Emittenten so genannte „Open End Zertifikate" an. Dies signalisiert bereits, dass Zertifikate in erster Linie Finanzinstrumente für den mittel- bis langfristigen Zeitraum sind. Die sehr günstige Kostenstruktur im Vergleich Investmentfonds machen diese Papiere jedoch auch geeignet für kurzfristige Tradings.
Eine weitere Innovation aus dem Hause ABN Amro ist gerade für den Goldsektor von besonderem Interesse: ein währungsgesichertes Zertifikat. Da Gold in Dollar notiert wird, haben entsprechende Währungsschwankungen nicht nur Auswirkungen auf das Gold selbst, sondern auch auf die Aktien der Produzenten. Wenn der Dollar fällt, fallen die realen Kursgewinne für Anleger aus dem Euro-Währungsraum deutlich niedriger aus. Mit dem AMEX Gold Bugs Quanto Zertifikat wird die Entwicklung des AMEX Gold Bugs Index, das ist ein Basket von weitestgehend ungehedgten nordamerikanischen Goldminenwerten währungsgesichert in Euro abgebildet. Da

Sicherheit bekanntlich immer Geld kostet, wird das währungsgesicherte Zertifikat mit einem Aufgeld für die Absicherung gehandelt und die Laufzeit ist bis zum 19.12.2005 begrenzt. Der gleiche Index wird in nichtwährungsgesicherter Form von ABM Amro als Open End Zertifikat angeboten. Einen nichtabgesicherten „Non-Hedged Goldminen Aktienbasket" mit Laufzeitbegrenzung bietet die BW-Bank an. Für diesen Aktienkorb hat die BW-Bank speziell Minen ausgewählt, deren „Hedge-Book" (s. Kapitel Goldminenaktien) weniger als 5 Prozent der ausgewiesenen Goldreserven enthält.

Auch für den Goldpreis selbst gibt es Zertifikate, sowohl mit als auch ohne Laufzeitbegrenzung sowie mit oder ohne Währungsabsicherung. Diese verbriefen eine 1 : 1 Preisentwicklung der am Londoner Goldmarkt gehandelten Unze Gold, wodurch die Anleger zu 100 Prozent an den Kursbewegungen beteiligt sind. Die reinen Goldzertifikate sind ebenso wie die Goldminenzertifikate börsennotiert. Sie stellen im Prinzip den einfachsten und kostengünstigsten Weg dar, in Gold zu investieren, da keine Belieferungs- und Lagerkosten entstehen. Ein Nachteil besteht allerdings darin, dass man zwar an der Wertentwicklung des Goldes beteiligt ist, aber keinen Anspruch auf die Lieferung des physischen Metalls hat. Investoren, die sich die Möglichkeit einer physischen Belieferung offen halten möchten, sind daher mit einem klassischen Goldkonto besser bedient. Das Goldkonto ist so konzipiert, dass man physisches Gold kauft – Minimum ist oft ein Kilogramm – und der Wert der Barren auf ein spezielles Währungskonto gebucht wird. Gelagert wird das Metall in der Sammelverwahrung der verkaufenden Bank.

Wer einfach und kostengünstig direkt in Gold investieren möchte, kann in einen neuartigen Fonds einsteigen. Der World Gold Council, ein Zusammenschluss von internationalen Goldproduzenten, lanciert den Fonds ab November 2003 an mehreren Börsenplätzen in der Welt. Bis dahin war es nur in Australien und Kanada möglich, Investmentfonds zu kaufen, die direkt in das Edelmetall investieren. Der im März 2003 aufgelegte Fonds der australischen Firma Gold Bullion Ltd. hatte innerhalb von einem halben

Jahr bereits 6 Tonnen Gold verkauft. Mit dem neuen Goldfonds des World Gold Council soll die Investorenbasis für Gold verbreitert werden, z.B. durch Pensionsfonds und Privatanleger, die ihr Portfolio diversifizieren wollen. Für manche Privatanleger ist das direkte Goldgeschäft über den Kauf von Münzen und Barren oder mit der Einrichtung eines Goldkontos doch etwas zu mühsam oder zu teuer wegen der Lager-, Transport- und Versicherungskosten. Hinzu kommt, dass der private Käufer – je nach Investitionsvolumen – einen nicht zu vernachlässigenden Spread akzeptieren muss. Wer bei einem Marktpreis von 380 Dollar je Feinunze bei einer herkömmlichen Bank Goldmünzen kauft, bekommt diese für rund 400 Dollar. Will man die Münzen wieder verkaufen, dann erhält man bei unverändertem Marktpreis nur noch etwa 360 Dollar. Der neue Goldfonds hat sehr niedrige Transaktionskosten, die vergleichbar mit Aktiengeschäften oder dem Kauf von Zertifikaten sind. Anders als bei Goldzertifikaten, wo eine Bank den Wert entsprechend den Schwankungen des Goldpreises garantiert, besteht bei dem Goldfonds des World Gold Council kein Risiko durch den Ausfall der Bank: die Investition ist durch den realen Kauf von Gold unterlegt. Außerdem hat der Kunde ein Recht auf Auslieferung zwei Tage nach Auftragsvergabe.

Kapitel 22
Optionsscheine

Das gute alte Sprichwort „Was Du heute kannst besorgen, das verschiebe nicht auf morgen" hat auch heute noch seine Gültigkeit. Leider kommt es manchmal auch vor, dass man Dinge gerne jetzt tun würde, aber dass man im Augenblick nicht die Möglichkeit dazu hat – zum Beispiel wenn man der Meinung ist, dass gerade ein guter Zeitpunkt für eine Investition wäre und die dafür erforderlichen Mittel nicht verfügbar sind, weil sie anderweitig gebunden sind. Wenn man zum jetzigen Zeitpunkt nicht die finanziellen Mittel zur Verfügung hat, die man beispielsweise für eine geplante Investition in Aktien oder Gold bräuchte, weil die entsprechenden

Gelder noch für einen Zeitraum von ein oder zwei Jahren angelegt sind und wenn man in genau diesem Zeitraum mit starken Kurssteigerungen rechnet und man deshalb möglicherweise auf Gewinne verzichten muss, wäre das mehr als ärgerlich.
In dieser Situation sind Optionsscheine die richtigen Instrumente. Mit dem Kauf eines solchen Scheines erhält man das Recht, bis zu einem späteren Zeitpunkt eine Aktie oder eine bestimmte Menge Gold kaufen zu dürfen – und zwar zu einem bereits heute festgelegten Preis. Damit hat man sich die Chance bewahrt, am erhofften Aufschwung teilzuhaben. Sollte dieser wider Erwarten nicht stattfinden, müsste man das Gold oder die Aktie gar nicht kaufen, denn mit dem Optionsschein erwirbt man nur das Kaufrecht, nicht aber eine Kaufpflicht. Fallen die Kurse unter den vereinbarten Preis, so verzichtet man auf das Recht und lässt den Schein verfallen. Damit ist natürlich das eingesetzte Kapital für den Schein verloren, aber wenn man beispielsweise die Aktie gekauft hätte, müsste man bei gefallenen Kursen auch Verluste einstecken.
Optionsscheine, die zum Kauf berechtigen heißen Call-Optionsscheine. Daneben gibt es noch Verkaufsoptionsscheine, so genannte Put-Optionsscheine, mit denen man das Recht erwirbt, z.B. eine Aktie zu einem späteren Zeitpunkt zu einem heute festgelegten Preis zu verkaufen. Ein Put kann sich dann lohnen, wenn man mit sinkenden Kursen rechnet.
An einem Praxisbeispiel kann man gut sehen, wie man sich mit einem Call-Optionsschein auf Gold mit geringem Kapitaleinsatz die Chance auf künftig steigende Kurse sichert. Angenommen ein Investor hat im Mai 2003 einen Betrag von 10.000 in festverzinslichen Anlagen noch für zwei Jahre angelegt. Der Goldpreis beträgt zu diesem Zeitpunkt 350,- Dollar pro Unze. Zur einfacheren Beispielsrechnung unterstellen wir einen Euro-Dollar-Kurs von 1:1. Der Investor glaubt, dass der Goldpreis in den nächsten zwei bis drei Jahren deutlich über 400 Euro steigen wird und möchte sich deshalb das Recht sichern, zur Fälligkeit seiner festverzinslichen Anlage im Mai 2005 das gelbe Metall für 380,- Euro pro Unze zu kaufen. Er könnte dann für

den freiwerdenden Betrag gut 26 Unzen kaufen. Deshalb kauft er 260 Optionsscheine, von denen jeder zum Bezug einer zehntel Unze berechtigt bei einem Goldpreis von 380,- Euro.
Die Scheine sind gültig bis zum 28. Juni 2005 und kosten pro Stück 1,70 Euro. Der Gesamtbetrag für dieses Options-Geschäft beläuft sich demzufolge auf 442,- (260 x 1,70). Wenn der Goldpreis bis zum Freiwerden der fest angelegten Summe z.B. auf 450,- Euro steigt, könnte der Anleger dann trotz des gestiegenen Preises 26 Unzen je 380,- kaufen und zahlt dafür 9.880,- Euro. Der echte Marktpreis wäre zu diesem Zeitpunkt jedoch 11.700,- (26 x 450,-), also 1.820,- Euro mehr (in der Praxis kauft der Anleger die 26 Unzen zwei Jahre später zu dem dann gültigen Kurs von 450,- Euro und verkauft seine 260 Optionsscheine mit dem entsprechenden Gewinn). Abzüglich der 442,- für den Kauf der Call-Optionsscheine, hat der Investor also einen Vorteil von 1.378,- Euro – das sind mehr als 13 Prozent bezogen auf den gesamten Kapitaleinsatz. Die Transaktionskosten – Gebühren und Provisionen für Kauf und Verkauf der Scheine – sind in diesem Beispiel außer Acht gelassen.
In Bezug auf die reine Optionsscheinprämie liegt der Profit um ein Vielfaches höher. Der Einsatz von 442,- beschert innerhalb von 2 Jahren einen Gewinn von 1.378,- Euro, das sind über 300 Prozent mit dem so genannten Hebel-Effekt. Genau dieser Effekt ist es, den die geübten Anwender von Optionsscheinen schätzen. Denn während der Goldpreis um knapp 30 Prozent von 350,- auf 450,- steigt, erhöht sich der Wert der Optionsscheine um mehr als das Zehnfache des Goldpreisanstieges: der Anleger macht in zwei Jahren 300 Prozent Gewinn, indem er 442,- Euro investiert und sich einen Vorteil von 378,- Euro beim späteren Kauf des Goldes verschafft. Die echten Optionsschein-Profis arbeiten ausschließlich mit diesem Hebel, d.h. sie investieren in Optionsscheine ohne die wirkliche Absicht, zu einem späteren Zeitpunkt die zugrunde liegende Aktie oder das Gold zu kaufen. Der Call-Optionsschein gibt dem Käufer das Recht zu kaufen, verpflichtet ihn aber nicht zum Kauf. In dem oben aufgeführten Beispiel haben die Scheine

nach zwei Jahren einen inneren Wert von 1.378 Euro; das ist der Betrag, den ein Anleger beim Kauf von 26 Unzen Gold mit Hilfe der Call-Scheine spart. Diesen Wert kann sich der Besitzer der Scheine von dem Herausgeber der Optionsscheine, der emittierenden Bank, auszahlen lassen anstatt tatsächlich 26 Unzen zum günstigeren Kurs zu kaufen. Mit diesem Hebel lassen sich stattliche Gewinne erzielen, aber er hat auch seine Tücken.

Er ist genauso für das erhöhte Risiko dieser Finanzinstrumente verantwortlich, denn er wirkt auch in die entgegengesetzte Richtung. Treten nämlich die Erwartungen des Optionsscheinkäufers innerhalb der Laufzeit des Scheines nicht ein, so fallen die prozentualen Wertverluste von Optionsscheinen größer aus als die Wertveränderungen beim Gold oder bei einer Aktie. Wenn der Goldpreis bis zum „Verfallsdatum" der Scheine nur auf 370,- steigt oder auf 320 Euro fällt, verlieren die für 442,- gekauften Optionsscheine ihren Wert vollständig. Das ist dann ein Totalverlust auf die eingesetzte Optionsscheinprämie. Wer also mit Optionsscheinen handelt, muss genau wissen, worauf er/sie sich einlässt. Vor dem ersten Optionsschein-Kauf verlangt jede Bank zum Schutz des Anlegers einen Nachweis der so genannten Termingeschäftsfähigkeit. Hierzu wird eine Infobroschüre mit Unterschriftsformular ausgehändigt und der zukünftige Käufer muss per Unterschrift bestätigen, dass er Kenntnis über die Besonderheiten und Risiken von Finanzinstrumenten mit Verfallsdatum hat.

Die klassischen Gold-Optionsscheine für Privatkunden werden nur von wenigen Emissionshäusern begeben. In Deutschland sind die wichtigsten Anbieter die Deutsche Bank, die UBS und die Dresdner Bank. Da Gold in der Regel in US-Dollar gehandelt wird, beziehen sich die meisten Gold-Optionsscheine auf den Goldkurs in Dollar. Anleger, die am Goldmarkt mit Optionsscheinen Gewinne erzielen wollen, sollten sich nicht nur wegen der erforderlichen Termingeschäftsfähigkeit vertiefte Kenntnisse über diese Finanzinstrumente aneignen, sondern insbesondere zum eigenen Schutz vor Risiken. Im Internet findet man auf den Seiten der BNP Paribas (s. Anhang Internetseiten) die Optionsschein-Akademie. Das ist ein ausführliches Trainingsprogramm, das sämtliche Aspekte und alle wichtigen Fragen im Zusammenhang mit Optionsscheinen behandelt. Sehr gute Infos zu Optionsscheinen, Kursen und hilfreiche Rechentools stellen Onvista und Consors im Internet zur Verfügung.

Kapitel 23
Die Gold-Strategie

Wer heute von Vermögen spricht, meint damit immer noch in erster Linie Aktien, Anleihen, Immobilien und Bargeld. Der Wert dieser Anlagen und der Wert des Geldes wird bestimmt durch das Gesetz von Angebot und Nachfrage. Wenn mehr Geld im Umlauf ist als es Güter zu kaufen gibt, so steigt deren Preis und das Geld wird entwertet. Umgekehrt führt ein Überangebot an Waren zu fallenden Preisen. In der Vergangenheit bediente man sich des Gold-Standards, um das Verhältnis von Geld und Gütern im Gleichgewicht zu halten. Ziel war es, dem manipulierbaren Geld etwas Werthaltiges, nicht beliebig Reproduzierbares, gegenüberzustellen.

Anfang der 70er Jahre wurde mit dem Bretton Woods Abkommen der letzte weltweite Goldstandard abgeschafft. Seit der Aufgabe dieses regulierenden Standards hat sich die Geldmenge weltweit viel stärker ausgeweitet als die Menge der produzierten Güter. Die fast 20-jährige Hausse der Aktienmärkte ist nichts anderes als eine unsichtbare Inflation, die sich seit dem unablässigen Senken der Zinssätze durch die amerikanische Notenbank auch auf die Immobilien übertragen hat. Seit zwei Jahren haben sich die Immobilienpreise speziell in den USA vervielfacht und die Konsumenten haben sich mit billigen Krediten noch tiefer verschuldet. Seit dem Platzen der Aktienblase ist die Rendite von Anleihen weltweit auf Schrumpfkurs und das Geld vieler Anleger sucht verzweifelt Renditen in immer riskanteren Finanzinstrumenten.

Alternative Investments wie Hedge-Funds, die beispielsweise Devisenschwankungen zur Erwirtschaftung hoher Renditen nutzen, stehen inzwischen auch Privatkunden zur Verfügung und werden als zukunftsträchtige Anlagen angepriesen. Dass die damit verbundenen Risiken immer stärker steigen, schreckt zurzeit scheinbar niemanden ab. Bereits heute nutzen spekulativ eingestellte Anleger die Möglichkeit, an Energiebörsen auf sinkende oder steigende Strompreise zu setzen. In Zukunft könnte der Gasmarkt hinzukommen und der Aufbau von organisierten Börsen für den Handel von Telefonminuten ist schon in der Planungsphase. Investmentspezialisten prüfen bereits die Möglichkeiten zur Schaffung von Produkten in den Bereichen Farmland, agrar- und forstwirtschaftliche Nutzflächen, Wetterderivate und Katastrophen-Bonds. Wenn das nicht zur Katastrophe für viele Privatanleger wird! Diese werden zwar zunächst noch etwas warten müssen, bis sie in diese alternativen Investments einsteigen dürfen. Wenn die Testphase mit den institutionellen Anlegern jedoch erfolgreich abgeschlossen ist, werden die Pforten auch für die Privaten geöffnet.

Möglicherweise und sogar sehr wahrscheinlich erhalten die Privatanleger noch eine Schonfrist. Die Zeichen in der Politik und in der Wirtschaft stehen auf Sturm und bevor die neuartigen Wetterderivate zum Einsatz kommen, müssen die Finanz-Gewitter, die sich am Horizont abzeichnen, erst einmal vorbeiziehen. In dieser Zeit der Konsolidierung wird eine Rückbesinnung der Anleger zu einem verstärkten Sicherheitsbedürfnis führen. Eine auf die persönlichen Verhältnisse abgestimmte Gold-Strategie bietet nicht nur Schutz vor drohenden Unwettern, sondern macht Gold zu einer gewinnbringenden Investition.

Die Entscheidung, ob man in Gold investiert und wie viel man investieren möchte, hängt in jedem Fall von der individuellen Situation eines jeden Einzelnen ab. Abertausende von Anlegern haben sich Ende der neunziger Jahre in Aktien gestürzt, ohne sich vorher viele Gedanken zu machen. Diesen Fehler sollten Investoren vor dem Einstieg in Gold nicht machen. Wer in Gold investiert, muss sich in jedem Fall darüber im Klaren sein, dass er/sie zu 100 Prozent auf eigene Verantwortung handelt und dass auch für Gold keine Gewinn-Garantien ausgegeben werden. Wer in den achtziger Jahren Gold gekauft hätte, würde heute auf hohen Verlusten sitzen. Wer damals in Aktien eingestiegen wäre, der hätte wahrscheinlich trotz der immensen Kursverluste seit 2000 immer noch einiges übrig. Den optimalen Zeitpunkt für ein Engagement in Gold kennt niemand, aber die Zeichen für einen steigenden Goldpreis standen schon lange nicht mehr so gut wie jetzt. Wie für alle anderen Investitionen gilt auch bei Gold die „eiserne“ Regel: nicht alles auf eine Karte setzen.

Als Grundstein der persönlichen Gold-Strategie ist eine Anlage von fünf Prozent des privaten Vermögens in physischem Gold sinnvoll. In allen Zivilisationen der letzten 4000 Jahre hatte das gelbe Metall nicht nur eine reguläre Geldfunktion, sondern es spielte eine glänzende Rolle als Zufluchtswährung in Krisenzeiten. Die Frage zu beantworten, in welchem Ausmaß uns Krisen bevorstehen, würde hellseherische Fähigkeiten erfordern. Die Tatsache, dass im weltweiten Finanzsystem, welches am Wohl und Wehe des Dollars hängt, nicht alles in bester Ordnung ist, kann man mit einer normalen Beobachtungsgabe erkennen. Um über den reinen Zufluchtsgedanken hinaus in den nächsten Jahren von den Chancen des Goldes zu profitieren, sollen hier zwei Strategien vorgestellt werden, die für die Erstellung eines persönlichen Goldanlagekonzeptes zugrunde gelegt werden können: die Sicherheits-Strategie und die Gewinn-Strategie.

Bei der Sicherheits-Strategie werden insgesamt 10 Prozent des privaten Vermögens im Goldmarkt angelegt. Die Hälfte dieser zehn Prozent, also insgesamt 5 Prozent des Privatvermögens werden in Goldmünzen oder Barren angelegt. Für dreißig Prozent aus diesen zehn Prozent, entsprechend 3 Prozent des Gesamtvermögens, werden Zertifikate auf den Goldpreis gekauft. Somit sind 8 Prozent des Privatvermögens direkt an der Entwicklung des Goldpreises beteiligt. Die restlichen zwanzig Prozent der im Goldmarkt anzulegenden Summe – 2 Prozent des Gesamtvermögens – fließen in einen Goldminenfonds. Mit dieser Position soll von steigenden Kursen der Goldproduzenten profitiert werden.

Die Goldmünzen oder Barren sind die Sicherheitsbasis und bleiben als harter Kern am längsten im persönlichen Besitz. Während des Goldpreisanstieges werden aus den nach einiger Zeit entstehenden Buchgewinnen zunächst über den einfachen und schnellen Verkauf der Goldzertifikate echte Gewinne. Wenn der Goldpreis weiter ansteigt, werden nach und nach Gewinne aus den Fondsanteilen der Goldminen realisiert. Das physische Gold wird möglichst lange behalten. Erst wenn sich fundamental und charttechnisch abzeichnet, dass das Gold dabei ist, den übergeordneten Aufwärtstrend zu verlassen (s. Kap. Das bestgehütete Goldgeheimnis), sollte mit dem Verkauf der Münzen und/oder Barren begonnen werden.

Die Sicherheitsstrategie im Überblick:

Anlagevolumen :	10% des privaten Vermögens
Aufteilung:	50% Goldmünzen oder Barren
	30% Zertifikate auf den Goldpreis
	20% Anteile an Goldminenfonds

Für die Gewinn-Strategie werden insgesamt 20 Prozent des Privatvermögens in den Goldmarkt investiert. 50 Prozent davon, also insgesamt 10 Prozent des Vermögens werden in Goldmünzen oder Barren angelegt. Für 20 Prozent , entsprechend 4 Prozent des Gesamtvermögens, werden Zertifikate auf den Goldpreis gekauft. Somit sind 14 Prozent des Privatvermögens im Verhältnis 1 : 1 an die Goldpreisentwicklung gekoppelt. Weitere 20 Prozent, also 4 Prozent des Vermögens, fließen in Goldminenfonds und Goldminenzertifikate. Die Zertifikate haben eine andere Gestaltung und Kostenstruktur als die Goldminenfonds und bieten dadurch eine höhere Flexibilität für die Nutzung kurzfristiger Trading-Gelegenheiten. Für die restlichen zehn Prozent des Gold-Budgets, das sind 2 Prozent des Vermögens, werden Call-Optionssscheine auf den Goldpreis gekauft. Mit einem limitierten Kapitaleinsatz in diese Hebel-Instrumente können zusätzliche Gewinnchancen genutzt werden.

Als wichtigen Punkt beim Kauf von Gold-Calls sollte man unbedingt beachten, dass man keine allzu kurzen Laufzeiten wählt. Da die Goldpreisentwicklung mit teilweise erheblichen kurzfristigen Schwankungen einhergeht, würde man mit der Wahl von kurzen Laufzeiten überdurchschnittliche Risiken eingehen. Empfehlenswert sind Laufzeiten von mindestens 2 Jahren oder länger. Der mit den Scheinen reservierte Bezugspreis, auch Basispreis genannt, sollte nicht mehr als 10 Prozent aus dem Geld (über dem aktuellen Goldpreis) liegen.

Die Gewinn-Strategie im Überblick:

Anlagevolumen:	20% des privaten Vermögens
Aufteilung:	50% Goldmünzen oder Barren
	20% Zertifikate auf den Goldpreis
	20% Goldminenfonds/Goldminen zertifikate
	10% Call-Optionsscheine auf den Goldpreis

Neben der Grundregel „nicht alles auf eine Karte setzten“ gibt es eine weitere wichtige Regel zu beachten: Nicht alles auf einmal investieren. Nach diesem Prinzip setzt man Schritt für Schritt sein individuelles Goldanlagekonzept in die Praxis um.

1. Wenn man mit Goldmünzen oder Barren im Volumen von 5 Prozent des Vermögens den Grundstock für ein Anlagekonzept gelegt hat, kann man stufenweise die Investitionen ausbauen. Für die Sicherheitsstrategie hat man dann bereits die Position des physischen Goldes mit 50 Prozent besetzt.
2. Man fügt den 30 Prozent-Anteil der Zertifikate auf den Goldpreis hinzu.
3. Man ergänzt später die restlichen 20 Prozent für die Anteile an Goldminenfonds.

Als Alternative kann man Schritt 3 nach Schritt 1 vornehmen und Schritt 2 zuletzt umsetzten.
Wer die Gewinnstrategie umsetzen möchte, geht zunächst in der gleichen Reihenfolge vor. Man legt den Grundstock mit 5 Prozent des Vermögens in physischem Gold.
Man setzt die Sicherheitsstrategie schrittweise in die Praxis um.
Man baut die Sicherheitsstrategie durch Zukäufe weiter aus zur Gewinnstrategie, indem man die bestehenden Positionen aufstockt oder ergänzt und die Optionsscheine ins Portfolio mit aufnimmt.

Kapitel 24
Glänzende Aussichten

Früher war alles besser. Das stimmt aus heutiger Sicht in jedem Fall, wenn man den Wert des Geldes betrachtet. Wer die Entwicklung der D-Mark von der Währungsreform bis zur Einführung des Euro beobachtet, stellt fest, dass unser Geld innerhalb von gut fünfzig Jahren fast drei Viertel seiner Kaufkraft verloren hat. Dem Dollar ging es noch schlechter. Vor vierzig Jahren hätten bereits 200.000 US-Dollar gereicht, um in heutiger Kaufkraft gerechnet Dollarmillionär zu sein. Das erinnert nochmals an das große Geldspiel Monopoly. Am Ende des Spiels gewinnt nicht der Spieler mit den anfänglich größten Vermögenswerten, sondern derjenige, der nicht

bankrott geht. Den Bankrott kann man nur vermeiden, wenn man die Spielregeln kennt und wenn man ein umfassendes Wissen über die Märkte besitzt, in denen man tätig ist – wie im echten Leben.
Der Schlüssel für die Gewinnstrategie in der Schlussphase des Monopoly-Spiels liegt im Häusermangel, nicht im Geldmangel. Geldmangel kann nicht herbeigeführt werden, da die Bank niemals bankrott gehen kann. Wenn keine Scheine mehr da sind, kann der Bankhalter zusätzlich Geld herstellen, indem er die Werte auf kleine Zettel schreibt. Aber zusätzliche Häuser kann die Bank nicht einfach produzieren. Das Häuser- und Hotelangebot ist begrenzt und wenn es keine Gebäude mehr zu verkaufen gibt, müssen die kaufwilligen Spieler warten, bis ein anderer seine Häuser an die Bank zurückgibt oder an den Meistbietenden verkauft.
Wenn der Häuservorrat bei der Bank zu Ende gegangen ist und ein Mitspieler mit vielen Häusern diese nicht aus der Hand gibt, sind die noch vorhandenen Hotels wertlos. Wenn einem anderen Spieler die vier Häuser auf seinem Grundstück fehlen, kann er nicht in ein Hotel umwandeln. Auch wenn man nicht alle Häuser in seinen Besitz bekommen kann, so bedeutet jeder Hauskauf ein Ausdünnen der Bestände und ein Stück mehr Kontrolle über den Markt. Dann kann ein Gegenspieler statt vier nur noch ein Haus auf seinem grünen Grundstück aufstellen und somit das volle Potential seiner Investition nicht ausschöpfen (32).
Ein gut gehütetes Geheimnis (s. Kap. Das bestgehütete Goldgeheimnis) oder ein einfacher Trick, den viele übersehen, kann in der Endphase des großen Geldspieles entscheidend sein.
Vielleicht ist es Zufall, dass das Spiel Monopoly in der Zeit der tiefsten Wirtschaftskrise, während der großen Depression im Jahr 1933 entwickelt wurde und bereits im Jahr 1935 zum meistverkauften Spiel in Amerika geworden war. Mit Sicherheit jedoch ist Monopoly kein Zufalls-Spiel. Es erfordert Entscheidungsfähigkeit und Geschick beim Abschließen von Geschäften. Die Tatsache, dass die fallenden Würfel einen nicht unwesentlichen Einfluss auf den Spielverlauf haben, könnte man mit Zufall beschreiben. Man

kann aber auch in Wahrscheinlichkeiten denken, weil man rein statistisch vorhersagen kann, wie häufig eine bestimmte Zahl erscheinen wird. Diese Vorhersagbarkeit schaltet den Zufall nicht ganz aus, aber sie reduziert das Gefühl von Willkürlichkeit und stärkt die Rolle der Eigenverantwortlichkeit.
Eine Frage der Eigenverantwortlichkeit ist es auch, wie man mit seinen Vermögenswerten im wirklichen Leben umgeht. Wie im Spiel überlebt nicht derjenige, der in der Startphase das meiste Geld hat, sondern wer in der Schlussphase die richtigen Werte besitzt. Gold war über Jahrhunderte ein geschätztes Zahlungsmittel und spielt auch heute noch eine wichtige Rolle im internationalen Währungssystem. Die riesigen Goldreserven der Zentralbanken bezeugen dies. Die Entwicklung des Goldpreises ist Ausdruck des Vertrauens der Anleger in die Geldpolitik. Um dieses Vertrauen zu erschüttern, bedarf es in der momentanen wirtschaftlichen und politischen Verfassung unserer Welt nur noch eines Auslösers.
Angesichts der Vielzahl von bestehenden Risiken ist nicht vorhersehbar, was der Auslöser für eine verheerende Kettenreaktion und weltweite Finanzkrise sein wird – das Platzen der Bond-Blase, das Zusammenbrechen des Immobilienmarktes in den USA, die leeren Rentenkassen, die Überschuldung Amerikas, die Derivate-Bombe oder die sich anbahnenden Währungskonflikte. Sicher ist nur, dass es weder ein Patentrezept noch eine schnelle Lösung für die anstehenden Probleme gibt. Weder einfache Zinssenkungen, noch sonstige Blitzaktionen werden die in Jahrzehnten aufgebauten Ungleichgewichte ins Lot bringen können.
Von wo aus auch immer eine kommende Krise ihren Ausgangspunkt haben wird – New York, Tokio, Frankfurt, London oder Peking – Gold wird wie früher glänzen und als Zuflucht in Krisenzeiten zum Schutz vor Wertverlust und zur Sicherung des privaten Vermögens gefragt sein. Viele private und institutionelle Käufer schenken dem gelben Metall bereits wieder Beachtung und Wertschätzung. Sie haben mit den Vorbereitungen für den Ernstfall begonnen. Wenn die übrigen Anleger versuchen, einen Anteil am Gold zu erhalten, werden diejenigen, die rechtzeitig im Markt waren, ihre Op-

tionsscheine, Zertifikate, Fonds und einen Teil ihrer Barren und Münzen mit Gewinn verkaufen. Den anderen Teil ihres physischen Goldes behalten sie zur Sicherheit etwas länger.

Internetseiten zu den Themen Gold und Geld

www.goldseiten.de
www.gold.org
www.gold-eagle.com
www.goldensextant.com
www.financialsense.com
www.gata.org
www.kitco.com
www.onvista.de
www.consors.de

www.dailyreckoning.com
www.mises.org
www.warrants.bnpparibas.com

Literaturverzeichnis

Alan Axelrod: Kaufen Sie sich die Schlossallee, München 2003

Hans J. Bocker: Gold-Dossier, Dortmund 2000

Baden-Württembergische Bank: Megatrend Gold, Stuttgart 2003

Baden-Württembergische Bank: Die Entzauberung des Dollars, Stuttgart 2002

BNP Paribas: Optionsscheine, Frankfurt 2002

BNP Paribas: Zertifikate, Frankfurt 2002

GATA: Court order in the case of

Blanchard and Company vs.
Barrick Gold Company etc.
Beitrag vom 8. Sept. 2003

Manfred Gburek: Das Goldbuch, München 2003

Eberhard u. Eike Hamer: Was passiert, wenn der Crash kommt?, München 2002

HSBC Trinkaus & Burkhardt: Trends im Visier, Düsseldorf 2003

Otmar Issing: Einführung in die Geldtheorie, München 2001

Harald Klimentera: Was Börsengurus verschweigen, München 2002

Ferdinand Lips: Die Gold-Verschwörung, Rottenburg 2003

Robert R. Prechter: Besiege den Crash!, Kulmbach 2002

Thomas Priermeier, Clemens Popp: Geld verdienen mit Zinsspekulationen, Landsberg 1999

Ayn Rand: Capitalism – The Unknown Ideal, Signet Book 1986

Kurt Richebächer: The Richebächer Letter, Baltimore 2003

Sabine Theadora Ruh: Unternehmensanleihen, München 2001

Frank Veneroso & Declan Costelloe: Gold Derivatives, Gold Lending, Official Management Of The Gold Price And The Current State of the Gold Market; Vortrag beim Fifth International Gold Symposium am 17. Mai 2002 in Lima, Peru

Martin Weiss: Crash Profits, Chichester 2003

Anmerkungen

1. Handelsblatt, 10.7.2003
2. Handelsblatt, 31.7.2003
3. Wirtschaftswoche 6.2.2003
4. Handelsblatt, 6.5.2003
5. Handelsblatt, 5.6.2003
6. BW-Bank: Die Entzauberung des Dollars
7. Handelsblatt, 4.6.2003
8. Handelsblatt, 23.6.2003
9. Handelsblatt, 28.7.2003

10. Handelsblatt, 27.6.2003
11. Handelsblatt, 9.7.2003
12. Handelsblatt, 18.6.2003
13. Handelsblatt, 17.6.2003
14. Handelsblatt, 23.6.2003
15. Handelsblatt, 23.7.2003
16. Finanzen, 09/2003
17. Der Spiegel, 22.9.2003
18. Hamer: Was passiert, wenn der Crash kommt?
19. Llewllyn H. Rockwell: The Blessings of Deflation; Ludwig von Mises Institute, 30.5.2003
20. Handelsblatt, 14.7.2003
21. Handelsblatt, 18.7.2003
22. Handelsblatt, 23.7.2003
23. Ayn Rand: Capitalism
24. Issing: Geldpolitik
25. Frank Veneroso: Gold Derivatives
26. Ferdinand Lips: Die Gold-Verschwörung
27. GATA: Court order in the case of Blanchard etc.
28. BW-Bank: Die Entzauberung des Dollars
29. World Gold Council: The De-Regulation of the Chinese Gold Market
30. BW-Bank: Megatrend Gold
31. BW-Bank: Megatrend Gold
32. Alan Axelrod: Kaufen Sie sich die Schlossallee